GD

GLOBAL DANISH ARCHITECTURE

#1

REDIGERET AF | EDITED BY MARIANNE IBLER

INDHOLD | CONTENTS >>

Dansk arkitektur i dag fremviser umiddelbart et rigt spektrum af forskellige former, sammensætninger, udtryk og måder at tilpasse sig konteksten på. Materialer, farver, rumligheder og helheder varierer i udstrakt grad og viser, at der tilsyneladende ikke er entydige præferencer at stile efter ej heller fasttømrede måder at skabe arkitektur på. Kollektive normer for nutidens arkitektur findes ikke, men arkitekturen blomstrer. Der bygges og fornyes i Danmark og mange andre steder i verden i en udstrækning, der ikke er set længe. Arkitektur er blevet et populært og eftertragtet gode, der investeres stort i, og lægfolk kan boltre sig i mediernes mangeartede arkitekturdebatter og designprogrammer, fra temaprogrammer om arkitektur til boligindretning.

Arkitekturen og arkitekturdebatten er kommet i højsædet. Det ses af meget af den arkitektur, danske tegnestuer har opført siden år 2000, at vi er nået langt både i faglig nytænkning og løsrivelse fra tidligere tiders arkitektur, ikke mindst 90'ernes senmodernistiske arkitektur.

Et kig på de mange illustrationer i Global Danish Architecture viser, at der i dag netop i forhold til tidligere typisk søges efter nye arkitektoniske oplevelser indenfor tredimensionelle, rumlige helheder og brud med en klassisk tankegang. Dynamik, transparens, ny materialesammensætninger, stærke farver, flydende overgange imellem rum, åbne arkitektoniske strukturer og helheder, præger i højeste grad arkitekturscenen. Oplagte fællestræk med arkitekturhistoriens action-arkitektur ses også, præget af asymmetri, symbiose mellem inde og ude, kreative fortolkninger af bygningernes funktion og indhold samt brud med klassiske ideer om arkitektoniske proportioner, arkitektonisk orden og ligevægt.

Dansk nutidig arkitektur følger takten i den hastige udvikling, der er i arkitekturfaget på globalt plan, netop fordi dansk arkitektur både afviger fra og lader sig påvirke af den internationale udvikling.

Den aktuelle sammenhæng med international arkitektur ses i arkitekturens referencer og inspirationskilder, der ikke alene har rødder her, men også i større udstrækning forholder sig åbent til hele verden og globaliseringsprocessen. Dansk arkitektur udvikler sig i takt med mange af de vilkår, som globaliseringen fører med sig. Dansk arkitektur eksporteres til en stadig større del af verden, og det æstetiske udtryk har en bred referenceramme i forhold til de arkitektoniske inspirationskilder. I disse år hersker en særlig vigtig arkitekturhistorisk fase, der viser et klart opbrud i forhold til tidligere tiders normer for skabelse af arkitektur. Hvor det førhen primært var normer med rod i Vitruvius' læresætninger og de danske og nordiske tidligste traditioner, der udgjorde basen for arkitekturskabelse, er dansk arkitektur nu ved egen hjælp og med flere internationale parametre i færd med at redefinere sin nutidige karakter.

Det er derfor vigtigt at vise, at arkitekturen ikke alene defineres af den hjemlige arkitekturscene. Danske tegnestuer skaber i stigende grad vigtige bygninger i udlandet. I dag sætter ikke alene Sydney Opera House Danmark på verdenskortet. Som resultat af globaliseringsprocessen er store og betydningsfulde danske byggerier ved at vise sig i udlandet, hvad der ses ved at studere bogen. Dansk arkitektur er klart ved at vinde fodfæste på det internationale arkitekturmarked, så vi med rette kan tale om fænomenet Global Danish.

Arkitekturen som Global Danish Architecture præsenterer er interessant fra mange vinkler, og de forskellige kapitler viser naturligvis forskelle og fællestræk. Eksempelvis er boligkapitlet præget af stor variation, fra dynamisk bløde, bølgende former til minimalistiske og enkle linjer suppleret af mere komplekse arkitektoniske udtryk. Afsnittet om kulturbyggerier og projekter vidner især om asymmetriske formgivningsprocesser og monumentale værker, der generelt peger på, at arkitekturen får et mere kunstnerisk og unikt islæt. Indenfor skolebyggeri hersker stadigvæk den mere afdæmpede arkitektur, hvor fordybelse fortrinsvis afspejler sig i arkitekturens funktionalitet og struktur frem for i formgivningsmæssig eksperimenteren. Til forskel herfra er kapitlet om uddannelsesbyggerier overvejende en skønsom blanding af værkorienteret monumentalt byggeri og funktionelt nytænkende byggeri. Mere variation ses i bygningseksemplerne i kontor- og erhvervstypologien. Her er det forskellen imellem de asymmetriske, bløde linjer og rumligheder, der er det meget eksperimenterende nytænkende og så den arkitektur, der overvejende forholder sig til tidligere tider. En fortrinsvis monumental arkitektur og særlige kunstneriske dimensioner præger derimod overvejende koncerttypologien. Monumentaliteten er et karaktertræk, der også gælder museerne, der især er karakteriseret af bløde og flydende rumligheder samt kontraster i ydre og indre udtryk, som giver en særlig karakter. En klarere modernistisk og funktionelt inspireret tilgang præger sportstypologien, hvor funktionalitet gerne ses kombineret med transparent arkitektur, og også indenfor denne kategori søges mod nytænkning. Blandt de offentlige institutioner finder vi både stærk normbrydende nytænkning, funktionelle fornyelser eller mere modernistisk tilbageskuende arkitektur med referencer til danske og internationale traditioner. Sygehustypologien præges af moderne enkel og funktionel arkitektur med store linjer og samtidig af at være helheds og -konceptorienteret med nytænkende dimensioner og inddragelse af kontrasterende farver. Ungdoms- og fritidsinstitutionerne viser især nytænkende arkitektoniske udtryk med markant asymmetri samtidig med en tæt tilknytning til sted og funktion.

Overordnet set viser arkitekturen en tid præget af enkle karaktertræk med monumentale og skulpturelle islæt. Arkitekturen fremstår konsekvent. For eksempel ses det som tydelig minimalisme, som klart værkorienteret byggeri, hvor grænser mellem kunst og arkitektur næsten opløses. Det ses også som stærkt dynamisk og organisk byggeri eller som klart nytænkende og eksperimenterende i sin funktionalitet.

Arkitekturen i bogens kapitler peger på arkitektoniske referencer i fortidens modernistiske arkitektur samtidig med, at den bryder med hidtidige normer i dansk byggeri af både ældre og moderne dato. Eksperimenter hersker, ikke mindst i forholdet mellem form og funktion. Asymmetri og kompleksitet, formers og rumligheders knæk, brud samt kontraster imellem inde og ude er mere gængs end hidtil, og der ses en bevægelse væk fra en mere klassisk orienteret arkitekturforståelse.

Der hersker ingen regler eller normer for arkitekturskabelse i dag, og der er ikke længere fælles og indforståede referencerammer. På den ene side skaber det et indlysende behov for at værne om og fokusere på de gode værdier, vi har og har haft i dansk arkitektur, som funktionalitet og formsprog brugt med omtanke og meningsfuldhed. På den anden side giver et fravær af normer større kreativt vovemod og nytænkning, hvilket er nødvendigt, hvis man vil følge med globaliseringens hastige udvikling, og de nye krav, der stilles til faget. Nytænkning og fornyelser skal være til glæde for de fleste i dag, brugerne af arkitekturen og her læserne af Global Danish Architecture.

Hensigten med Global Danish Architecture har været at skabe en bog for lægfolk og for fagets forskellige brugere. Derfor er ideen til denne blanding af bog og magasin, et *bookazine* opstået som en primært illustrationsbåret, populær faglig udgivelse. Den indeholder en lang række illustrationer kun kombineret med den mest nødvendige tekst.

Global Danish Architecture er derfor grundlæggende tænkt som en repræsentativ udgivelse, velegnet til et internationalt orienteret publikum med interesse for dansk arkitektur her og nu og uden de store fortællinger og teorier. Tidsrammen er fra år 2000 og frem for projekter, der er bygget eller vundne og har udsigt til opførelse. Ideen er at vise et udvalg af det, der er sket på arkitekturscenen fra årtusindskiftet.

Kriterierne for udvælgelse har været tidsrammen og de nytænkende og spektakulære karaktertræk, og udvalget er sket i et samarbejde med tegnestuerne. Valget af projekter kan altid kritiseres, og der findes udover det valgte materiale naturligvis en række spændende byggerier også fra andre tegnestuer, som det kunne have været oplagt at publicere. Tegnestuerne har bidraget med illustrations- og tekstmateriale.

Der skyldes endelig en stor tak til de mange, som har været involveret i og bidraget til Global Danish initiativet og dermed på forskellig vis støttet op om promovering af nutidig dansk arkitektur: Direktør Jens Erik Sørensen, ARoS Aarhus Kunstmuseum har stillet lokaler og anden hjælp til rådighed for bogens udgivelse og den digitale Global Danish præsentation, der supplerer bogen og udstilles samme sted. Det Danske Kultur Institut har stillet sig til rådighed til fremvisning af Global Danish Architecture for et internationalt publikum i alle sine kulturinstitutter i udlandet. Bogen er blevet til med støtte fra Nykredits Fond.

Danish architecture today shows a wide spectrum of different forms, compositions, expressions, and ways of adapting to the context. Materials, colours, spaciousness and entity vary and show that apparently there are no single preferences to aim at or any fixed ways of creating architecture. Collective norms for today's architecture do not exist, but the architecture flourishes. Innovative building is taking place in Denmark as well as worldwide to an extent that has not been seen for a long time. Architecture has become popular and an asset of investment and laymen can take inspiration from the many architectural debates and design programmes in the media as well as programmes featuring themes on architecture and interior decoration.

The architecture and the architectural debate have been brought into focus. Most of the architecture that Danish studios have designed since the year 2000 shows both professional innovation and detachment from architecture of earlier times, not least the late modernistic architecture of the 90's.

The many illustrations of Global Danish Architecture show that compared to the past, new architectonic experiences are today typically being sought in three-dimensional, spacious unities departing from classical traditions. Dynamism, transparency, new material compositions, strong colours, flowing lines between rooms, open architectonic structures, and unities are all features that can be found on the architectural scene. Certain common features from the architectural historical action architecture can also be seen, such as asymmetry, symbiosis between in and out, creative interpretations of building functions and contents as well as detachment from classical ideas of architectural proportions, architectonic order and balance.

Danish architecture of today follows the hasty development of the architecture profession on a global level, as Danish architecture both differs from and is influenced by the international development.

The current relationship with international architecture can be found in the references and the sources of inspiration of the architecture not solely based on the domestic environment but to a larger extent also on an open view on the whole world and the globalization process. Danish architecture develops in accordance with the circumstances brought about by the globalization. Danish architecture is exported to an increasing part of the world and compared to its architectonic sources of inspiration the aesthetic expression has a large frame of reference. In recent years, a particularly important architectural history phase has been predominant showing an evident detachment from earlier architectonic norms of creation. Previously, the norms of architectural creation were based on Vitruvius' theorem and the early Danish and Nordic traditions, but today Danish architecture is redefining its present character based on own and international parameters.

Therefore, it's important to show that the architecture is not alone defined on the homely architectural scene. The Danish studios of architecture are designing more and more important buildings abroad. It's no longer only the Sydney Opera House that places Denmark on the world map. As a result of globalization, large and important Danish building projects are appearing abroad which can also be seen throughout this book. Danish architecture is starting to gain foothold on the international architecture market justifying the Global Danish phenomenon.

The architecture presented by Global Danish Architecture is interesting from many angles and the various chapters show both differences as well as common features. The housing chapter is characterized by a large variation, from dynamic soft wave forms to minimalist simple lines supplemented by more complex architectonic expressions. The chapter on cultural buildings and projects reflects asymmetric design processes and monumental works indicating that architecture is getting more artistic with unique features. When building schools, a more subdued architecture prevails, where absorption is reflected in the functionality and structure of the architecture rather than in design experiments. The chapter on education is predominantly a judicious mixture of growth oriented monumental building and clear functional and innovative building. More variation can be seen in the office and business building typology, where there is architecture with asymmetric soft lines and spaciousness, architecture experimenting with innovation as well as architecture resembling earlier architecture. Monumental architecture as well as particular artistic dimensions characterizes the concert typology. The monumentality is a feature also found in the museums, especially characterized by soft and floating spaciousness as well as contrasts in outer and inner expressions giving the buildings a particular character. A more clear modernistic and functional approach can be found in the sports typology, where functionality is combined with transparent architecture, and also in this typology innovation is being sought. Among the public institutions we find both strongly norm breaking innovation, functional typological innovations or more modernistic retrospective architecture with references to Danish and international traditions. The hospitals are characterized by modern simple and functional architecture with general lines but also by forming a whole and being concept oriented with innovative dimensions and incorporation of contrasting colours. The day-care and leisure centre typology in particular shows new architectonic expressions with distinctive asymmetry as well as close relations to place and function.

Generally, the architecture shows a period of time characterized by strong and simple features with monumental and sculptural components. The architecture appears consistent – clear minimalism and clear growth oriented building, where the lines between art and architecture are al-

most dissolved. Also, the architecture appears strongly dynamic and organic or innovative and experimental in its functionality.

The architecture in the chapters of the book points to architectonic references of the past modernistic architecture departing from past and present traditions in Danish building. Experiments prevail, not least in the relationship between form and function. Asymmetry and complexity, ruptures of forms and spaciousness, as well as contrasts between in and out are more common than before, and a departure from classical oriented architectural understanding has taken place.

There are no rules or norms of creation of architecture today, and there are no longer common or approved frames of reference. On the one hand, it creates an obvious need for protecting and focusing on the good values that we have had and still have in Danish architecture, such as functionality and idiom used carefully and meaningfully. On the other hand, lack of norms leads to creative daring and innovation highly needed in relation to today's hasty development of globalization and the new requirements imposed on architecture. Rethinking and innovation should be a source of pleasure for people, including users of architecture, and here the readers of Global Danish Architecture.

Global Danish Architecture intends to be a book for laymen and for the various users of architecture. The idea of combining a book and a magazine, a *bookazine*, resulted in this popular publication primarily based on illustrations. The many illustrations are only accompanied by limited text. Global Danish Architecture should consequently be seen as a representative publication suitable for an internationally oriented audience with an interest in current Danish architecture, but without too many descriptions or theories. The time frame for projects built or 1st prize projects expecting to be built runs from the year 2000 and onwards and shows a selection of what has happened on the scene of architecture since the millennial change.

The selection criteria have been the time frame as well as the innovative and spectacular features, and the selection has taken place in collaboration between the studios and the editor of the book. The selection of projects may be criticized as apart from the chosen material there are many other exciting building projects from other studios that might just as well have been included in this publication. The studios have contributed with illustration and text material.

I wish to thank all the people who have been involved in and have contributed to the Global Danish initiative and who have thereby in different ways supported the promotion of Danish architecture. Director, Jens Erik Sørensen, ARoS Aarhus Kunstmuseum, has provided premises and other assistance in connection with the release of the book and the supplementing digital presentation of Global Danish that will be exhibited here. The Danish Cultural Institute will present Global Danish Architecture for an international audience in all their culture institutions abroad. The book has been sponsored by Nykredits Fond.

BOLIGER |

HOUSING

Vejle Bugt boliger vil blive bygget på kystlinjen ved Vejle Fjord. Med dens skulpturelle og organiske former og en storslået beliggenhed med udsigt over promenaden og bugten, bliver den et nyt vartegn for byen Vejle. Bygningen er inspireret af stedets karaktertræk: fjorden, broen, byen og bakkerne. Med dens klare og let genkendelige signatur binder den boligområdet sammen med havet, landskabet og byen. I løbet af dagen reflekterer de hvide kurver sig i havet og om natten vil den karakteristiske profil fremstå som mangefarvede bjerge. Bygningen vil indeholde 140 attraktive lejligheder, der alle har en fantastisk udsigt.

ADRESSE | ADDRESS:

Vejle, DK

ARKITEKT | ARCHITECT:

Henning Larsens Tegnestue A/S | Henning Larsen Architects A/S

STØRRELSE | SIZE:

14.000 m²

OPFØRELSE | CONSTRUCTION:

2006-2009

VEJLE BUGT BOLIGER
VEJLE BAY RESIDENCES

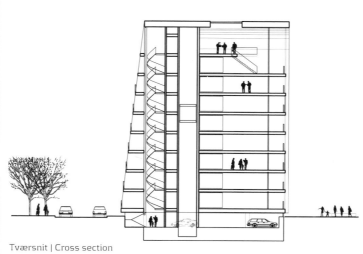

Tværsnit | Cross section

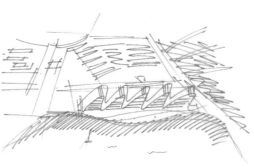

The Vejle Bay residences will be built at the shoreline of Vejle Fjord. With its sculptural and organic forms and a magnificent location overlooking the promenade and the bay, it will become a new landmark for Vejle. The building is inspired by the characteristics of the area: the fjord, the bridge, the town and the hills. With its clear and easily recognisable signature it connects the residential area with the sea, the landscape and the town. During the day the white curves are reflected in the sea and at night the characteristic profile will look like illuminated multi-coloured mountains. The building will have 140 attractive apartments, all with a wonderful view.

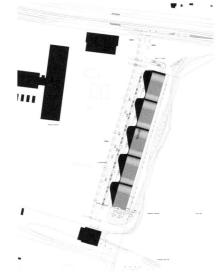

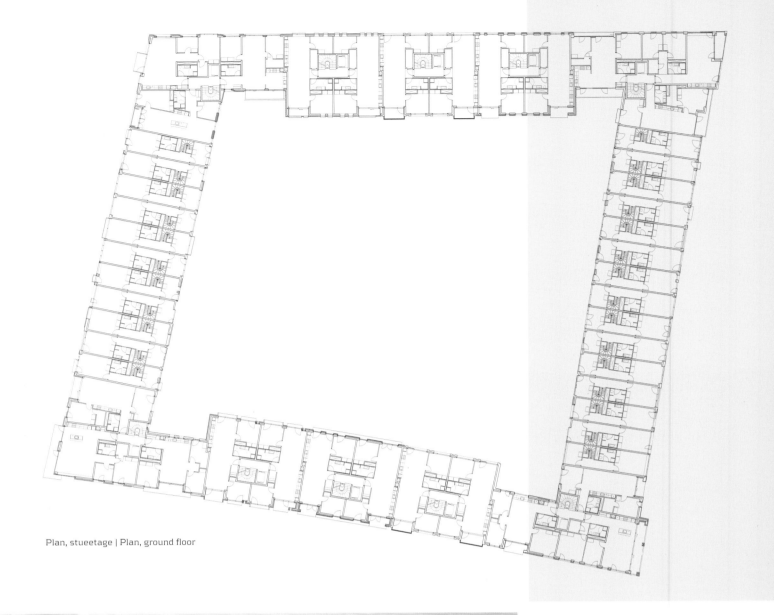

Plan, stueetage | Plan, ground floor

Arkitema was responsible for developing the overall master plan, town plan and landscape plan, as well as the architectural guidelines for the new canal community. This was done in close collaboration with the recognised Dutch urban planning architect Sjoerd Soeters, as well as with Copenhagen Municipality, Copenhagen Malmö Port and the clients. Arkitema designed several of the buildings itself, and invited a number of leading Danish housing architects to design the other buildings on the basis of a set of overall rules governing proportions, materials and colours.

Arkitema har udviklet den overordnede masterplan, by- og landskabplanerne samt de arkitektoniske retningslinier for den nye kanalby. Det er sket i tæt samarbejde med den anerkendte hollandske byplanarkitekt Sjoerd Soeters, Københavns Kommune og Københavns Havn samt bygherrerne. Arkitema har selv tegnet flere af husene og har derudover inviteret en række førende danske boligarkitekter til at udforme de øvrige huse ud fra et sæt overordnede spilleregler med hensyn til proportioner, materialer og farver.

ADRESSE | ADDRESS:
København | Copenhagen, DK

BYGHERRE | CLIENT:
Københavns Havn, Københavns Kommune | Copenhagen
Harbour, Copenhagen Municipality, JM Danmark A/S,
Sjælsø Gruppen A/S, Nordicom

ARKITEKT | ARCHITECT:
Masterplan: Arkitema & Sjoerd Soeters
Huse: Arkitema og andre danske arkitekter |
Houses: Arkitema and other Danish architects

LANDSKAB | LANDSCAPE:
Arkitema

STØRRELSE | SIZE:
135.000 m²

OPFØRELSE | CONSTRUCTION:
2005-2007

Bjerringbro er tæt forbundet med elementet vand! Gudenåens smukke gennemgående forløb samt den dynamiske virksomhed Grundfos har sat positive præg på byen og skabt lokal grobund for såvel æstetiske tiltag som innovativ tankegang. Denne gejst har inspireret til at skabe et kreativt og anderledes konkurrenceforslag med en karakterfuld, varierende boligbebyggelse i samspil med lys og vand. Forslaget viser en organisk anlagt vandpark, hvori der ligger øer som "bolig-rosetter" med attraktive boliger af varierende størrelse. Bolig-rosetterne danner tilsammen en bebyggelse med dynamiske rumforløb, som pirrer nysgerrigheden og skaber variation. Rosetterne og den indbyrdes placering af de enkelte bygningskroppe sikrer gode lysforhold og minimerer indkig i alle boliger, der hver især får en individuel udsigt. Samspillet mellem hjulet, lyset og vandet danner spændende, forskelligartede refleksioner i bebyggelsen og afspejler solens vandring i løbet af dagen. Bebyggelsen rummer forskellige, klart definerede grader af privathed. Omkring alle bolig-rosetter ligger den offentlige zone med vand og grønne områder til brug for hele byens borgere.

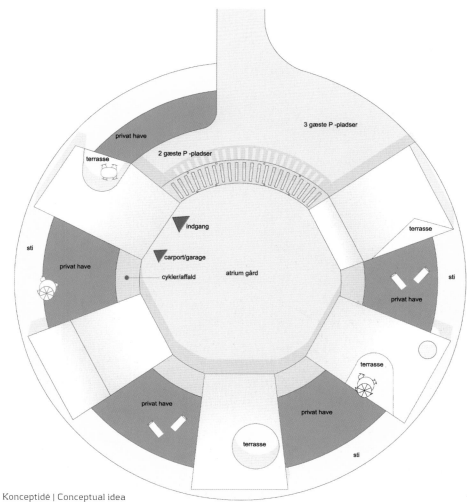

Konceptidé | Conceptual idea

Bjerringbro is closely connected to the water element. The through run of the beautiful Gudenåen and the dynamic company Grundfos has left a positive mark on the city and has locally contributed to both aesthetic projects as well as innovative thinking. This spirit has inspired a creative and different contest proposal with varying characterful housings with interplay between light and water. The proposal shows an organic designed water park with islands placed as "housing rosettes" with attractive housing units of different sizes. The housing rosettes are together forming a building with dynamic spaces arousing curiosity and creating variation. The rosettes and the mutual location of the single building bodies ensure good light conditions and minimize the possibility of looking into the houses each having an individual view. The interaction between the wheel, the light and the water creates exciting, different reflections in the buildings and reflects the travel of the sun during daytime. The buildings have different, clearly defined levels of privacy. Around all housing rosettes, the public zone lies with water and green areas for all the citizens of the town.

ADRESSE | ADRESS:

Bjerringbro, DK

BYGHERRE | CLIENT:

BUUS Totalbyg A/S

ARKITEKT | ARCHITECT:

KPF Arkitekter AS | KPF Architects AS

INGENIØR | ENGINEER:

ISC Rådgivende ingeniører, Viborg

ENTREPRENØR | TURNKEY CONTRACTOR:

BUUS Totalbyg A/S

STØRRELSE | SIZE:

3.500 m²

OPFØRELSE | CONSTRUCTION:

2007

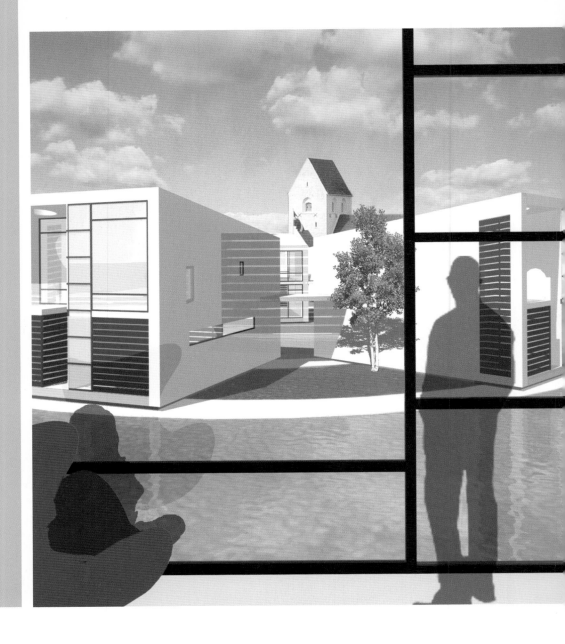

Konceptskemaer | Conceptual schemes

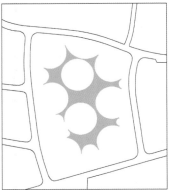

FÆLLES ZONE   FÆLLES PRIVAT ZONE   PRIVAT ZONE

BEBYGGELSES KARAKTER

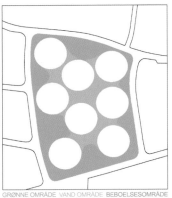

GRØNNE OMRÅDE   VAND OMRÅDE   BEBOELSESOMRÅDE

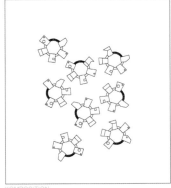

KOMPOSITION

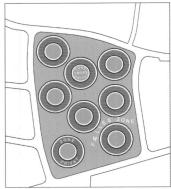

BYENS KARAKTER - SØPARK

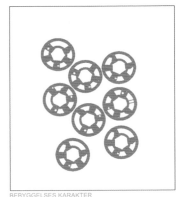

RUMLIGE UDFORMNING

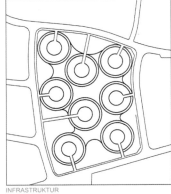

INFRASTRUKTUR

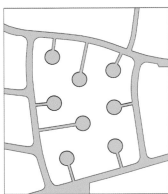

BYTRAFIK I ZONEN

Møllehusene er udformet efter inspiration fra stedets oprindelige virke, hvor parken i sin tid fungerede som bypark med den gamle mølle. Husene ligger på "kanten" af det åbne parkområde og et større parkeringsareal danner "ryg" for bebyggelsen. De tre solitære punktbebyggelser er placeret i landskabet, med en lethed der giver husene karakter af pavilloner. Placeringen giver plads til parkens brug, og ligeledes står arealerne omkring husene uberørte og forstærker ideen om en parkbebyggelse. Planen tager udgangspunkt i vingepartiet i en mølle med altaner som "drejer" efter solen og udsigten og dermed har sit eget udeareal. Husets kvadratiske grundplan er roteret 17 grader fra stueplan og fire etager op i huset. Hvert hus har en central fordelingskerne, med trappe og elevator på hver side af et repos, der giver adgang til alle etagens lejligheder.

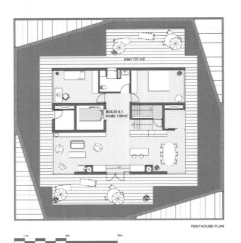

Plan, penthouse

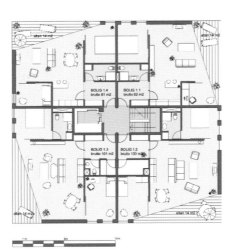

Plan, 1. sal | Plan, first floor

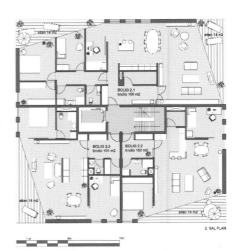

Plan, 2. sal | Plan, second floor

ADRESSE | ADRESS:

Bjerringbro, DK

BYGHERRE | CLIENT:

BUUS Totalbyg A/S

ARKITEKT | ARCHITECT:

KPF Arkitekter AS | KPF Architects AS

INGENIØR | ENGINEER:

ISC Rådgivende Ingeniører

ENTREPRENØR | TURNKEY CONTRACTOR:

BUUS Totalbyg A/S

STØRRELSE | SIZE:

4.500 m²

OPFØRELSE | CONSTRUCTION:

2006-2007

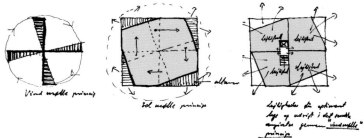

Principskitse | Conceptual sketch

MØLLEHUSENE

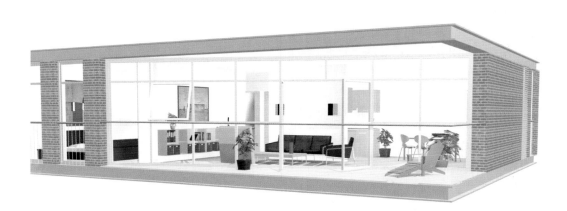

Møllehusene have been designed with inspiration from the original activities of the place where the park was previously a city park with the old mill. The houses are situated at the "edge" of the open park area, and a larger parking area forms the "back" of the housings. The three solitary housing elements are placed in the landscape with an "ease" that provides the houses with a character of pavilions. The location allows use of the park and also the areas around the houses are left untouched emphasizing the concept of a park building. The design has been based on the wing section of a mill with balconies "turning" according to the sun and the view thereby having its own outdoor area. The square ground plan of the house has been rotated 17 degrees to the ground floor and 4 storeys up in the house. Each house has a central distribution core with stairs and lift on each side of a landing providing access to all the apartments of the storey.

Den til alle tider mest populære boform i Danmark er parcelhuset. Derfor har vi i dette projekt, som fordrer højhuse, valgt at stable parceller oven på hinanden – én bolig pr. etage. Parcelhusets ulemper – som eksempelvis tidskrævende havearbejde – elimineres. Dets uomtvistelige kvaliteter – som dags-lys fra alle verdenshjørner – bevares.

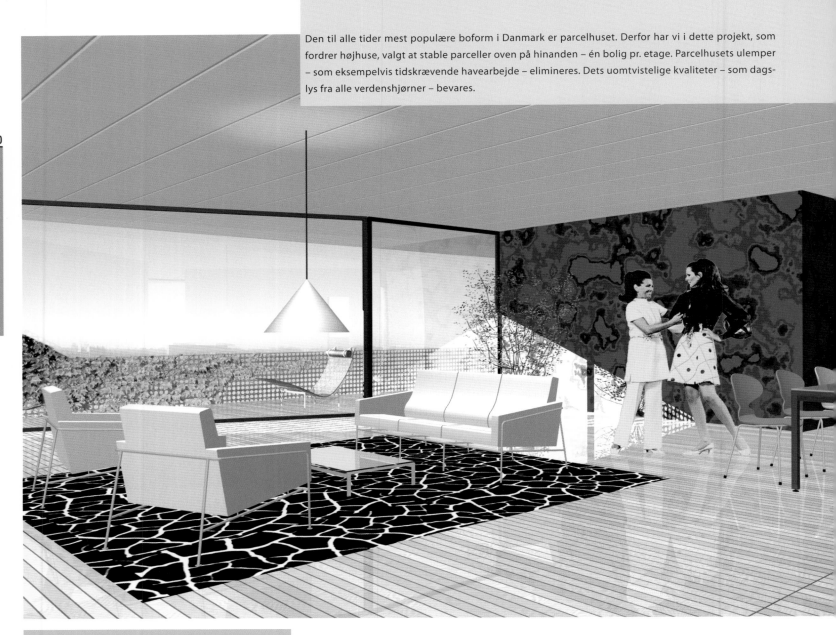

Opstalt | Elevation

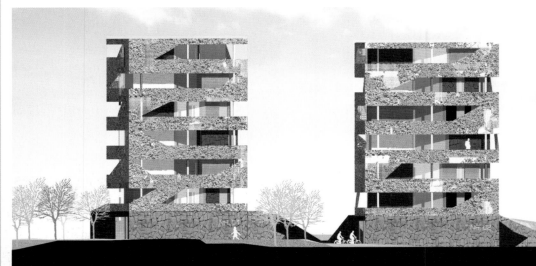

VILLA STRATA

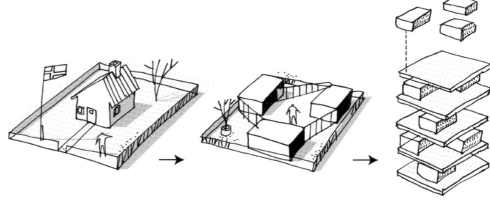

Konceptdiagram | Conceptual diagram

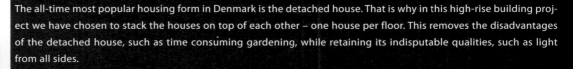

The all-time most popular housing form in Denmark is the detached house. That is why in this high-rise building project we have chosen to stack the houses on top of each other – one house per floor. This removes the disadvantages of the detached house, such as time consuming gardening, while retaining its indisputable qualities, such as light from all sides.

Planer, forskellige versioner | Plans, various versions

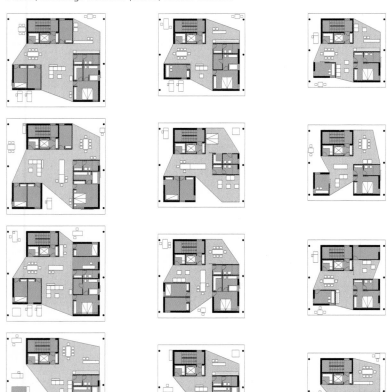

ADRESSE | ADDRESS:
Kolding, DK

BYGHERRE | CLIENT:
Golfparken I/S

ARKITEKT | ARCHITECT:
CEBRA

STØRRELSE | SIZE:
8.300 m²

OPFØRELSE | CONSTRUCTION:
Igangværende | Ongoing

Konkurrence, 1. præmie | Competition, 1st prize

Punkthusene er tegnet med udgangspunkt i kommunalt fastlagte bygningskroppe. Alle lejligheder udsættes for konceptuelle "øksehug" med terrasser, hvor solindfald og udsigtsforhold er optimale. De rigide bygningsvolumener tilføres derved et varieret formsprog.

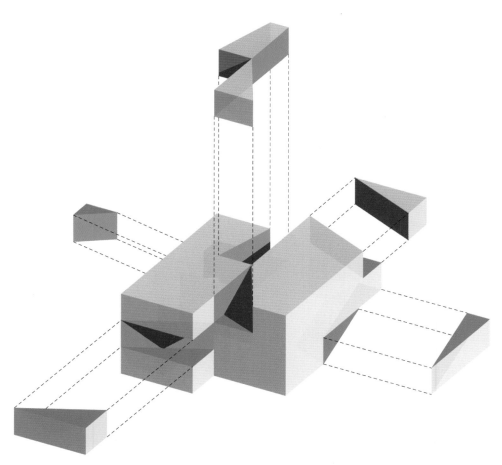

Konceptdiagram | Conceptual diagram

The residential blocks have been developed based on the municipally determined building body. All apartments are given conceptual cuts to create terraces with optimal sunlight and views. This gives the rigid building volume a varied mode of expression.

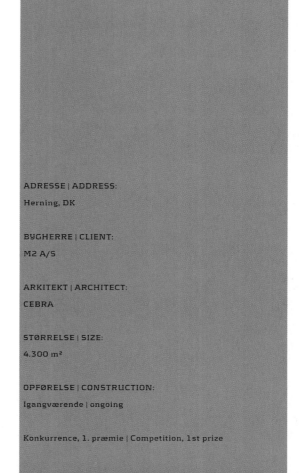

Planer, blok 1-3, forskellige niveauer |
Plans, block 1-3, various levels

Planer, blok 4-5, forskellige niveauer |
Plans, block 4-5, various levels

ADRESSE | ADDRESS:
Herning, DK

BYGHERRE | CLIENT:
M2 A/S

ARKITEKT | ARCHITECT:
CEBRA

STØRRELSE | SIZE:
4.300 m²

OPFØRELSE | CONSTRUCTION:
Igangværende | ongoing

Konkurrence, 1. præmie | Competition, 1st prize

Huset er placeret i det åbne landskab, og er tænkt som et indhegnet landskab, hvor facaderne kan af-skærme indre terrasser. Hævet op på betonsøjler krager huset således ud fra det skrånende terræn med indvendige og udvendige rum filtreret fra det øvrige landskab af store skærme langs facaden. Den frie komposition tillader, at huset åbent såvel som lukket altid vil bevare en kontakt til landskabet. Når det er åbent vil de store vinduespartier lade inde og ude flyde sammen, og når det er lukket vil terrasserne give beboerne private og intime uderum.

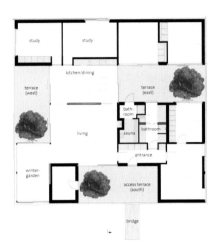

Plan, stueetage | Plan, ground floor

Snit | Section

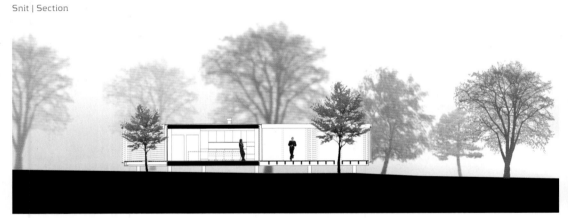

SOMMERHUS
SUMMER HOUSE

Situated in the midst of an expanding landscape, the summer house is an open-plan dwelling allowing the inhabitants and its visitors to experience a continual interior/exterior natural environment. Raised above the ground by concrete pillars, the house extends over the sloping terrain with interior spaces and terraces filtered from the outer landscape by movable fabric screens stretching along the perimeter. The free composition allows the house to open-up as well as close itself yet always maintaining a sense of tranquility and connection to nature. When open, the large windows and sliding doors let the house dissolve into the landscape. When closed, inner terraces bring continual daylight into the house and allow the inhabitants to enjoy the outside in their own privacy.

ADRESSE | ADDRESS:
Privat | Private

BYGHERRE | CLIENT:
Privat | Private

ARKITEKT | ARCHITECT:
Dorte Mandrup Arkitekter ApS | Dorte Mandrup Architects ApS

INGENIØR | ENGINEER:
Moe & Brødsgaard A/S

STØRRELSE | SIZE:
200 m²

OPFØRELSE | CONSTRUCTION:
2004

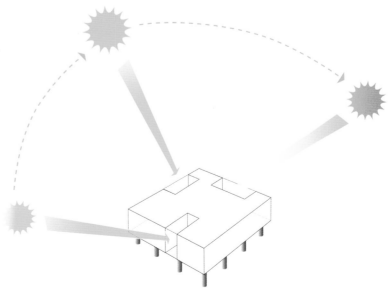

Konceptskema | Conceptual scheme

BØRNE- OG FRITIDS-INSTITUTIONER | DAY-CARE AND LEISURE CENTRES

DAGINSTITUTION | DAY-CARE CENTRE

Karreen Skanderborgade/Krausesvej, består af tæt karrebebyggelse i 5½ etage. De bagvedliggende gård-arealer er særdeles smalle, hvilket bevirker meget ringe eller ingen direkte sollys i gårdene. Lokalplanen forudsatte institutionsbyggeri i en etage. For at opfylde kravet til udendørs opholdsarealer svarende til det bebyggede areal, var det således en forudsætning at udearealerne hovedsageligt måtte placeres på taget. Bygningen består af to flader, der spænder ud til grundens afgrænsning. Terrænfladen foldes såle-des op så den danner en bakke eller skrænt mellem terræn og tag. Sommersolens vandring fra nordøst til nordvest tegner den skrå flades udskæring. Skræntens hældning muliggør at både skrænt og gårdrum solbelyses optimalt fra syd og vest. Under skrænten dannes et uopvarmet rum, en søjleskov der anven-des til gynger og anden leg, når klimaet er for vådt eller koldt. Yderligere to solgårde nedskåret i tagfladen sikrer dagslys og varierede uderum til den øvrige del af huset.

Tværsnit | Cross section

ADRESSE | ADDRESS:

København | Copenhagen, DK

BYGHERRE | CLIENT:

Københavns Kommune | Copenhagen Municipality

ARKITEKT | ARCHITECT:

Dorte Mandrup Arkitekter ApS | Dorte Mandrup Architects ApS

LANDSKAB | LANDSCAPE:

Dorte Mandrup Arkitekter ApS | Dorte Mandrup Architects ApS
& Marianne Levinsen Landscape

INGENIØR | ENGINEER:

Jørn Tækker A/S

STØRRELSE | SIZE:

555 m²

OPFØRELSE | CONSTRUCTION:

2005

DAGINSTITUTION
DAY-CARE CENTRE

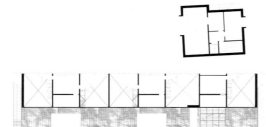

Plan, 1. sal | Plan, first floor

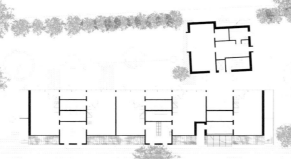

Plan, stueetage | Plan, ground floor

Situated within the Skanderborggade/Krausevej block, the site is surrounded by 5-storey buildings and a narrow inner courtyard with little to almost no daylight. The zoning regulations for the site required the new day-care to be a maximum of one-storey, while the day-care needed an outdoor space almost equal to that of the actual building area. The design, therefore, maximizes the sites day lighting and challenges the zoning regulations by placing the outdoor play area on the roof of the day-care centre and light wells into the various indoor spaces. The formal arrangement of the building is composed of two folding planes extending to the boundaries of the site. The lower plane forms a new ground, and the upper plane forms the roof and outdoor play area. Melded together by a large fold, the slope follows the path of the summer sun from the northeast to the northwest offering the best sun exposure throughout the site. Underneath, a forest of columns fills an unheated space used during wet weather.

FDF Friluftscenter Sletten er indpasset i det midtjydske søhøjlands smukke landskab, og her skaber det rammerne for et anderledes læringsmiljø, lejr- og friluftsliv. Bygningernes rum er åbne og imødekommende, og grænserne mellem ude og inde er næsten udviskede – blandt andet er der anvendt træ og sten både ude og inde. Aktiviteten foregår omkring den store pejs, som er bygningens samlingspunkt og pejlemærke.

ADRESSE | ADDRESS:
Ry, DK

BYGHERRE | CLIENT:
Landsforbundet Frivilligt Drenge- og Pigeforbund | Danish Boy Brigade

ARKITEKT | ARCHITECT:
aart a/s

LANDSKAB | LANDSCAPE:
aart a/s

INGENIØR | ENGINEER:
Korsbæk og Partnere k/s

STØRRELSE | SIZE:
1140 m²

OPFØRELSE | CONSTRUCTION:
2003

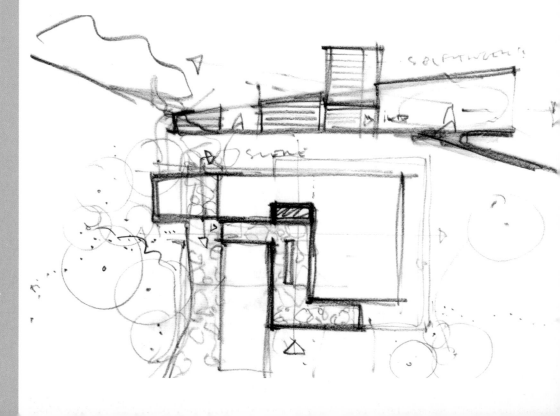

Outdoor kitchen   Meetingroom   Foyer / Twin-fireplace   Multipurpose hall

Snit A-A | Section A-A

FDF FRILUFTSCENTER SLETTEN
FDF OUTDOOR CENTRE SLETTEN

Plan, stueetage | Plan, ground floor

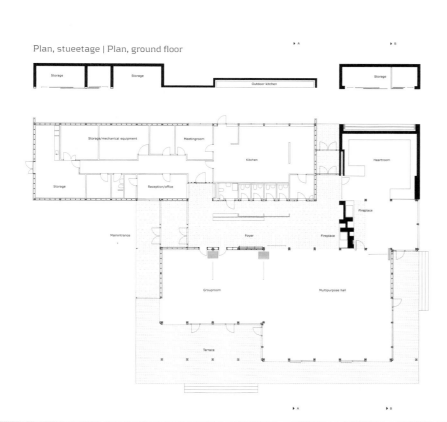

FDF (Danish Boy Brigade) outdoor Centre Sletten blends with the beautiful landscape of hills and lakes surrounding it, providing here the framework for a different learning environment and camp and outdoor activities. The rooms of the buildings are open and inviting, and the boundaries between inside and outdoors are almost dissolved – timber and stone have, for instance, been applied both outdoors and indoors. The activities radiates from the large fire place which is the building's rallying point.

Kvarterhuset er placeret i et af Holmbladsgade-kvarterets tidligere industribygninger fra 1880. Projektet er disponeret med bibliotek i stueetagen, og kontorfaciliteter på de øvrige etager samt en tilbygning der huser kvarterhusets samlingssal. Med børns legehuse i træer som inspiration er den nye sal hævet op over terræn og står på skråstillede søjler. Salen har en let karakter i kraft af dens spinkle trækonstruktioner og enkle glasfacader. I den eksisterende bygning blev en stor del af etageadskillelserne fjernet for at skabe visuel kontakt mellem de forskellige funktioner og aktiviteter. Resultatet er et tredobbelt højt rum, der spænder i husets længderetning, støttet af en udvendig stålgitterkonstruktion. Projektet er en del af kvarterets byfornyelsesplan og blev udført under en utrolig stram økonomi.

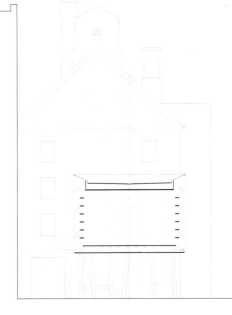

Tværsnit A-A | Cross section A-A   Tværsnit B-B | Cross section B-B

ADRESSE | ADDRESS:

København | Copenhagen, DK

BYGHERRE | CLIENT:

Københavns Kommune | Copenhagen Municipality

ARKITEKT | ARCHITECT:

Dorte Mandrup Arkitekter ApS | Dorte Mandrup Architects ApS

LANDSKAB | LANDSCAPE:

Dorte Mandrup Arkitekter ApS | Dorte Mandrup Architects ApS
& Henrik Jørgensen Landskabsarkitekter

INGENIØR | ENGINEER:

Dominia A/S

STØRRELSE | SIZE:

3500 m²

OPFØRELSE | CONSTRUCTION

2001

KVARTERHUS
NEIGHBOURHOOD CENTRE

Plan, 1. sal | Plan, first floor

The Neighbourhood centre is located in one of Holmbladsgade neighbourhood's former industrial buildings from 1880. Today the scheme houses a local library and a café on the ground floor, as well as office facilities on the upper floors. In addition to this, a new building is added with a common meeting hall. The project is part of a neighbourhood renewal plan, and is done on an extremely low budget. The main idea of the conversion was to create a proper connection between the building's many different activities while ensuring an openness and accessibility for the public, also to the building's upper floors. The structural changes to the existing building consisted primarily of the partial removal of the existing floor decks (column supported steel beams with wooden floors) in order to create a new, three-storey foyer space running the length of the building.

Ideen til bygningens plan og placering tager udgangspunkt i et nodeark, hvor musikken bliver skrevet med noder på stramt opbyggede nodelinier. Musikbørnehaven er således placeret på en grøn eng omkranset af en tæt krans af træer. Centralt på grunden placeres den kvadratiske bygning – Unoden – der strammer op på den irregulære grund. Kvadratet er valgt ud fra ønsket om at brugerne har fuldt overblik over bygningen. Huset består derfor af et centralt "hjerte", der er inddelt i forskellige opholdszoner, på lignende vis som det ydre landskab er opdelt i opholdszoner. Når man træder ind, kan man se igennem opholdszonerne og videre ud til et amfiscene miljø. Herfra fordeles vuggestue- og personaledelen til den ene side og børnehavedelen til den anden side. Bygningen er klart inddelt i forskellige akustiske zoner. Facaderne er inddelt i varierende moduler, der svarer til de indre rums behov, hvilket får facaden til at "bevæge sig". De røde søjler og de 3 nuancer i den varme facade skaber en spændende rytme langs facaden. Placeringen af solceller på det store tag udnytter solens varme og vil bidrage til det indvendige ovenlys på en måde så lys- og skyggevirkninger skaber en interessant virkning ned igennem rummet.

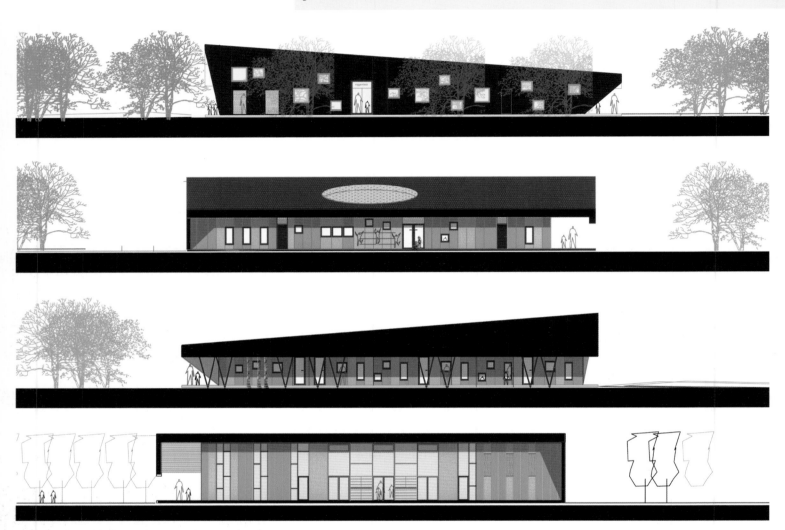

ADRESSE | ADDRESS:
Viborg, DK

BYGHERRE | CLIENT:
Viborg Kommune | Viborg Municipality

ARKITEKT | ARCHITECT:
KPF Arkitekter AS | KPF Architects AS

LANDSKAB | LANDSCAPE:
KPF Arkitekter AS | KPF Architects AS

INGENIØR | ENGINEER:
Carl Bro A/S

STØRRELSE | SIZE:
1.150 m²

OPFØRELSE | CONSTRUCTION:
2007

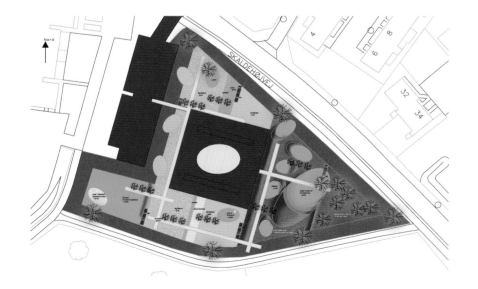

MUSIKBØRNEHAVEN UNODEN
THE MUSIC KINDERGARTEN 'UNODEN'

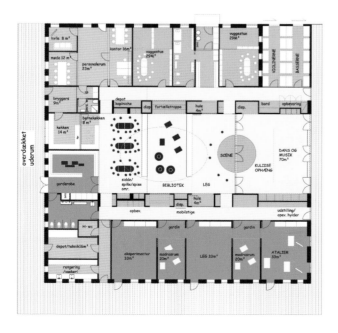

The basic concept of the building's design and location is a sheet of music where the music is written on strictly built note lines. The music kindergarten will be located on a green field encircled by trees. Centrally on the ground, the square building – 'Unoden' – will be placed, making the ground less irregular. The square building design has been chosen as the users want to have a full overview of the building. The house consists of a central "heart" divided into several living zones the same way as the outside landscape has been divided into various zones. When you enter the house you can see through the living zones and further out you can see an amphiscene environment. From here the day nursery and the staff part is on the one hand and the kindergarten part on the other. The building has been divided into various acoustic zones. The façades have been divided into varying modules complying with the needs of the inner rooms making the façade "move". The red columns and the 3 shades in the warm façade create an exciting rhythm along the façade. The solar cells on the large roof exploit the warmth of the sun and will contribute to the inner skylight creating an interesting effect of light and shade down through the room.

SKOLER |
SCHOOLS

Opgaven var at ombygge dele af det eksisterende byggeri og tilføje en ny bygningsdel, der arkitektonisk kunne give stor signalværdi udadtil og samle hele bygningskomplekset således at det fremstår som en samlet helhed. Afgørende var, at et så stort bygningskompleks blev klart og let opfatteligt i sin udformning. Af denne grund er de vigtige hovedgangforløb i bygningen "kortsluttet" omkring atriumgårde og interne hovedrum. Bygningens forskelligartede skoleenheder gør delvist brug af hinandens faciliteter – det er dermed hensigten at integrere i højere grad end at adskille funktioner, hvilket er valgt ud fra et pædagogisk helhedssyn. Bygningen er udformet som et stort søjlebåret volumen i to etager. I stueetagen er materialet rødt tegl for at etablere en sammenhæng med de eksisterende røde bygninger. 1. etage er i lys beton for på den måde at styrke teknisk skoles identitet. Karakteristisk er oplevelsesrige indre rumligheder og forskelligartede lysforhold. Huset fremstår åbent og transparent og understreges med Teknodromen som det store samlende rum.

Plan, stueetage | Plan, ground floor

Plan, 1. sal | Plan, first floor

The purpose of the project was to rebuild parts of the existing building and add a new part that architectonically could provide a significant signal value on the outside and bring together the building complex so that it presented itself as a unity. It was decisive that such a large building complex became clear and easy to comprehend in its design. For that reason the important main passages of the building have been "short-circuited" around atrium courtyards and inner main rooms. The different school units of the building make use of each others facilities in part – from a pedagogical holistic view the purpose is to integrate rather than to separate functions. The building has been designed as a large two-storey column supported volume. On the ground floor the material is red tile establishing a context between the existing red buildings. On the first floor the material is light concrete emphasizing the identity of the technical college. Inner spaciousness and different light conditions are characteristic features. The house is open and transparent with the large common room "Teknodromen".

Opstalt, nord | Elevation, north

Opstalt, vest | Elevation, west

Længdesnit | Longitudinal section

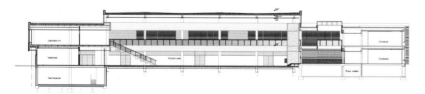

Tværsnit | Cross section

ADRESSE | ADDRESS:

Esbjerg, DK

BYGHERRE | CLIENT:

EUC Vest

ARKITEKT | ARCHITECT:

KPF Arkitekter AS | KPF Architects AS

INGENIØR | ENGINEER:

Palle Christensen A/S

STØRRELSE | SIZE:

14.000 m²

OPFØRELSE | CONSTRUCTION:

2004-2007

Plan, 3. sal | Plan, third floor

Ørestad Gymnasium bliver det første gymnasium i Danmark, som opfylder den nye gymnasiere-forms visioner for indhold, faglighed, organisation og læringssystemer. Kommunikation, interaktion og synergi er nøglebegreber. Projektet fortolker visionært åbenhed og fleksibilitet med hensyn til holdstørrelser, varierende fra individet over hold og klasser til forsamling af hele skolen, og afspejler internationale tendenser i retning af mere virkelighedsnære og dynamiske studiemiljøer, bla. med indførelse af IT som gennemgående værktøj. Målet er også gradvist at sætte den studerende i stand til at blive ansvarlig for egen læring og både at indgå i teamwork og arbejde selvstændigt. Gym-nasiet er forbundet både lodret og vandret. Fire boomerangformede etagedæk roteres i forhold til hinanden og danner den stærke superstruktur, som bliver gymnasiets overordnede ramme – enkel, overskuelig og fleksibel. Fire studiezoner fordeles på hver sin etage. Med én zone på ét plan bliver den organisatoriske fleksibilitet størst mulig, med glidende overgange mellem forskellige rumligheder, læringsmiljøer og gruppestørrelser. Rotationen åbner en del af hver etage mod det lodrette atrium i midten. Tilsammen danner disse zoner et forum for fællesskab og synlighed, og udtrykker gymnasiets ambition om tværfaglig uddannelse.

ADRESSE | ADDRESS:

København | Copenhagen, DK

BYGHERRE | CLIENT:

Københavns Kommune | Copenhagen Municipality

ARKITEKT | ARCHITECT:

3XN

RÅDGIVERE | CONSULTANTS:

Helle Mathiasen, cand. pæd. ph.d.

Akustik | Acoustics: Frederik Wiuff

INGENIØR | ENGINEER:

Søren Jensen A/S

STØRRELSE | SIZE:

12.000 m²

OPFØRELSE | CONSTRUCTION:

2006

Konkurrence, 1. præmie | Competition, 1st prize

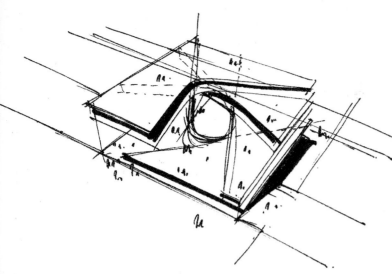

ØRESTAD GYMNASIUM

THE ØRESTAD COLLEGE

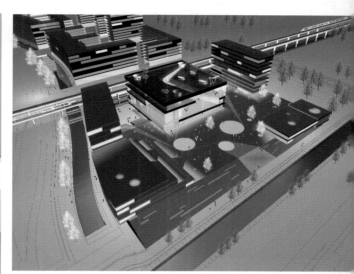

Plan, 4. sal | Plan, fourth floor

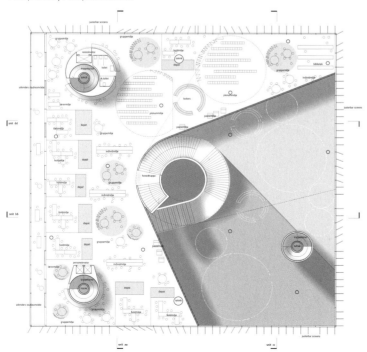

The Ørestad College will be the first in Denmark to fulfil new educational visions regarding subjects, organisation and teaching systems. Communication, interaction and synergy are key issues. The project displays a visionary interpretation of openness and flexibility regarding team sizes, varying from the individual over groups to classes and assemblies, and reflects international tendencies aiming at achieving a more dynamic and life-like studying environment and introducing IT as a main tool. The intention is also to enforce the students' abilities gradually to take responsibility for own learning, being able to work in teams as well as working individually. The college is interconnected vertically and horizontally. Four boomerang shaped floor plans are rotated to create the powerful super structure which forms the overall frame of the building – simple and highly flexible. Four study zones occupy one floor plan each. Avoiding level changes makes the organisational flexibility as high as possible, and enables the different teaching and learning spaces to overlap and interact with no distinct borders. The rotation opens a part of each floor to the vertical tall central atrium and forms a zone that provides community and expresses the college's ambition for interdisciplinary education.

Hellerup Skole er en netværksskole, hvor fysiske og psykiske afstande er minimeret. De centrale funktioner knytter sig til trappen eller atriet, mens undervisningen foregår i elevernes hjem-områder, der er placeret i mere rolige hjørner. Et karakteristisk træk ved bygningen er spillet mellem dens udadtil ret stramme kubiske form og den åbne, organiske indretning og mangfoldighed, der kendetegner huset indvendigt. De kommende brugere var med til at definere, hvilken skole man kunne tænke sig, og de har fået en skole, som er designet præcist til disse ønsker og skolens pædagogiske visioner.

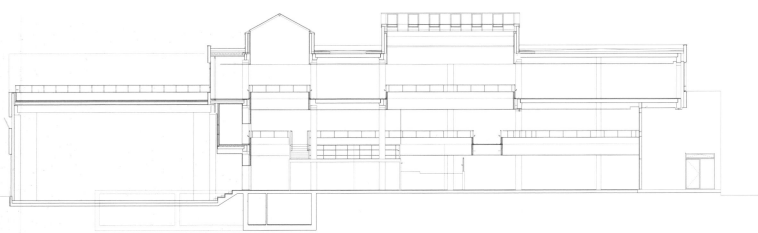

Længdenit | Longitudinal section

HELLERUP SKOLE
HELLERUP SCHOOL

Plan, 1. sal | Plan, first floor

Plan, stueetage | Plan, ground floor

Hellerup School is a network school in which physical and psychological distances have been minimised. The central functions are associated with the staircase or atrium, while teaching takes place in the students' home areas, located in the more peaceful corners. One characteristic of the building is the interplay between its outwardly rather stringent cubical form, and the open, organic design and fertile diversity that characterises its interior. The coming users helped to define the kind of school they would like to have, and have been given a school that is precisely designed to match these wishes and the school's educational visions.

ADRESSE | ADDRESS:
Gentofte, DK

BYGHERRE | CLIENT:
Gentofte Kommune | Gentofte Municipality

ARKITEKT | ARCHITECT:
Arkitema

LANDSKAB | LANDSCAPE:
Arkitema

INGENIØR | ENGINEER:
Søren Jensen A/S & Balslev A/S

ENTREPRENØR | TURNKEY CONTRACTOR:
NCC Danmark A/S

STØRRELSE | SIZE:
8.200 m²

OPFØRELSE | CONSTRUCTION:
2002

Skolen tegner sig som entydige og markante bygningsvolumener, der skalamæssigt underordner sig landskabet og tilpasser sig byen. I den endelige udbygning består anlægget af tre "firlængede gårde", der hver især fremstår som skulpturelle, murede elementer. Opadtil afsluttes disse elementer af skrå tage, der med en stigning fra én etage mod vest til to etager mod øst understreger de naturlige terrænforhold. I kontrast til landskabets store og enkle skala rummer hver af de tre enheder en indre beskyttet gård, der fungerer som opholds- og undervisningsareal, formgivet med stor variation og mange anvendelsesmuligheder. Skolens pædagogiske hovedorganisering er letaflæselig i bygningsstrukturen. Som "den lille skole i den store" refererer de tre klynger til henholdsvis indskoling, mellemtrin og overbygning.

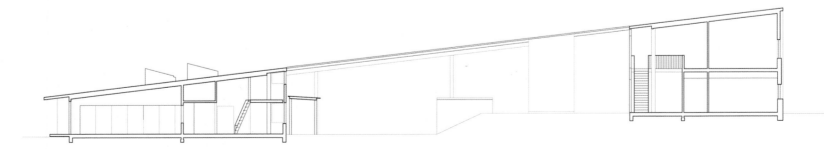

Tværsnit | Cross section

GRÆSE BAKKEBY SKOLE
SCHOOL AT GRÆSE BAKKEBY

The school consists of clear, distinctive buildings on a smaller scale than the surrounding landscape, and is designed to match the town. Once the project has been finalised, the complex will feature three separate but enclosed squares – each consisting of sculptural brickwork elements. These elements are rounded off by inclined roofs, rising from a height of one floor facing the west to two floors facing the east to reflect the natural slope of the site. In contrast to the large, simple scale of the landscape, each of the three units contains a protected inner courtyard – an area for relaxation or teaching designed with a great deal of variation and many application options. The structure of the building clearly reflects the educational function of the school. The three clusters are part of a larger whole, and are used for introductory school, middle school and upper levels, respectively.

Plan, stueetage | Plan, ground floor

ADRESSE | ADDRESS:
Frederikssund, DK

BYGHERRE | CLIENT:
Frederikssund Kommune | Frederikssund Municipality

ARKITEKT | ARCHITECT:
Friis & Moltke A/S

LANDSKAB | LANDSCAPE:
Schønherr Landskab

INGENIØR | ENGINEER:
Moe & Brødsgaard A/S

ENTREPRENØR | TURNKEY CONTRACTOR:
Enemærke & Petersen A/S

STØRRELSE | SIZE:
2.700 m² – 1. etape | 1st stage

OPFØRELSE | CONSTRUCTION:
2003

Konkurrence, 1. præmie | Competition, 1st prize

Hvor skal man begynde, når man skal forny en skole? Hvilke ændringer inkluderer det – nye klasseværelser, ny pædagogiske principper, eller en helt ny institution? Når en skole eller en hvilken som helst anden institution skal renoveres, tager NORD det seriøst og ser det som en grundig proces. I Skovshoved skole har NORD ikke kun set på de arkitektoniske behov, men også brugt forskellige teknikker til at udtrække værdifuld information fra de daglige brugere – lærere, børn, forældre og administration. En foregivelse af pædagogiske situationer og praksiser blev brugt i designprocessen. Denne arbejdsmåde gør det muligt at kombinere aktuelle behov med visionære ideer i designprocessen. Resultatet var en genkonfiguration af organisationen og læringssituationerne, der fulgte nye pædagogiske principper. Det skabte en fordelingsplan, hvor grupper af børn i forskellige aldersgrupper placeredes tæt sammen med deres særlige læringsomgivelser. Den pædagogiske fordeling er støttet af den overordnede plan, som har en dominerende zig-zag struktur, der blander indre og ydre faciliteter.

Visualiseringer af differentierede undervisningsmiljøer |
Visualizations of different teaching zones

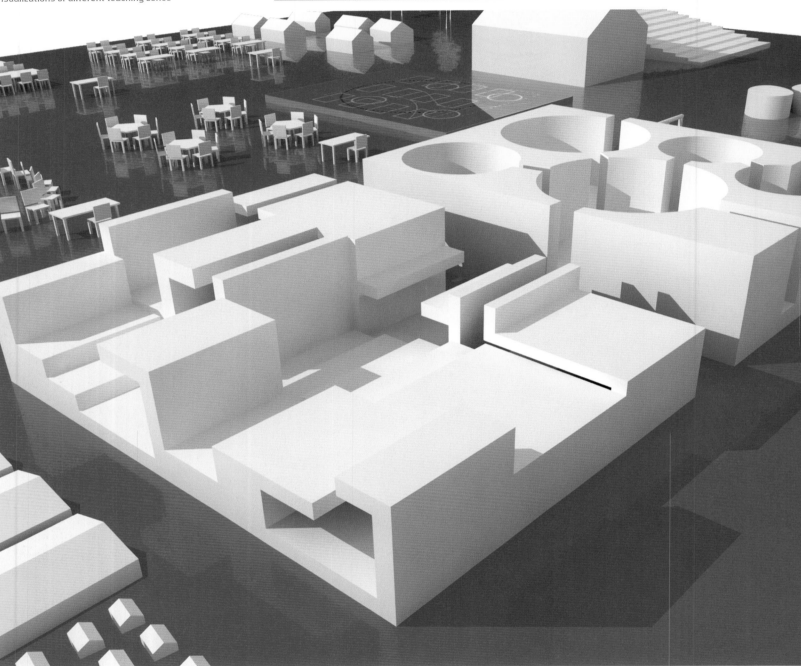

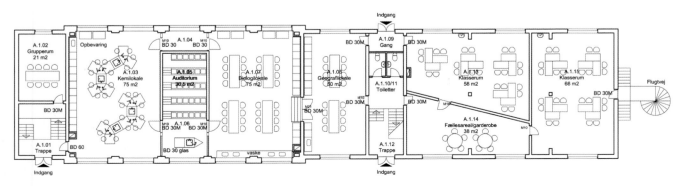

Plan, stueetage | Plan, ground floor

SKOVSHOVED SKOLE
SKOVSHOVED SCHOOL

SELF ORGANIZATION

PARASITE

OPEN SOURCE

MULTIPROGRAM

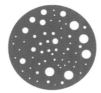

HACKER

RHIZOME

CENTRES OF EXCELLENCE

REALISM

PARALLEL INSTITUTION

Ni scenarier for en ny folkeskole | Nine scenarios for a new school

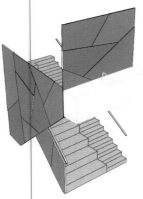
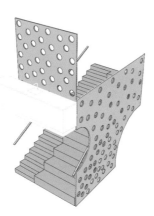
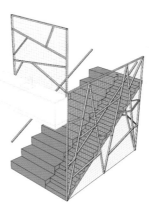
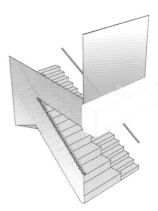

Trappe-møbel | Staircase furniture

Where to start when redesigning a school? What changes should be included – new classrooms, new pedagogical principles, or an entirely new institution? When renovating a school, or any institution, NORD takes it seriously and sees it as a thorough process. At Skovshoved School, NORD not only looked at the architectonic needs but also used various forms of participatory techniques to extract valuable information from the daily users – teachers, children, parents and administration. A simulation of pedagogical situations and practices was used to inform the design. Working this way makes it possible to combine actual needs with visionary ideas in the design process. The result was a reconfiguration of the organization and teaching situations according to new pedagogical principles. This created a distributed plan where groups of children at different ages are placed closer together with their specialized learning environments. The pedagogical distribution is supported by the overall layout of the plan which has a dominant zig-zag structure mixing indoor and outdoor facilities.

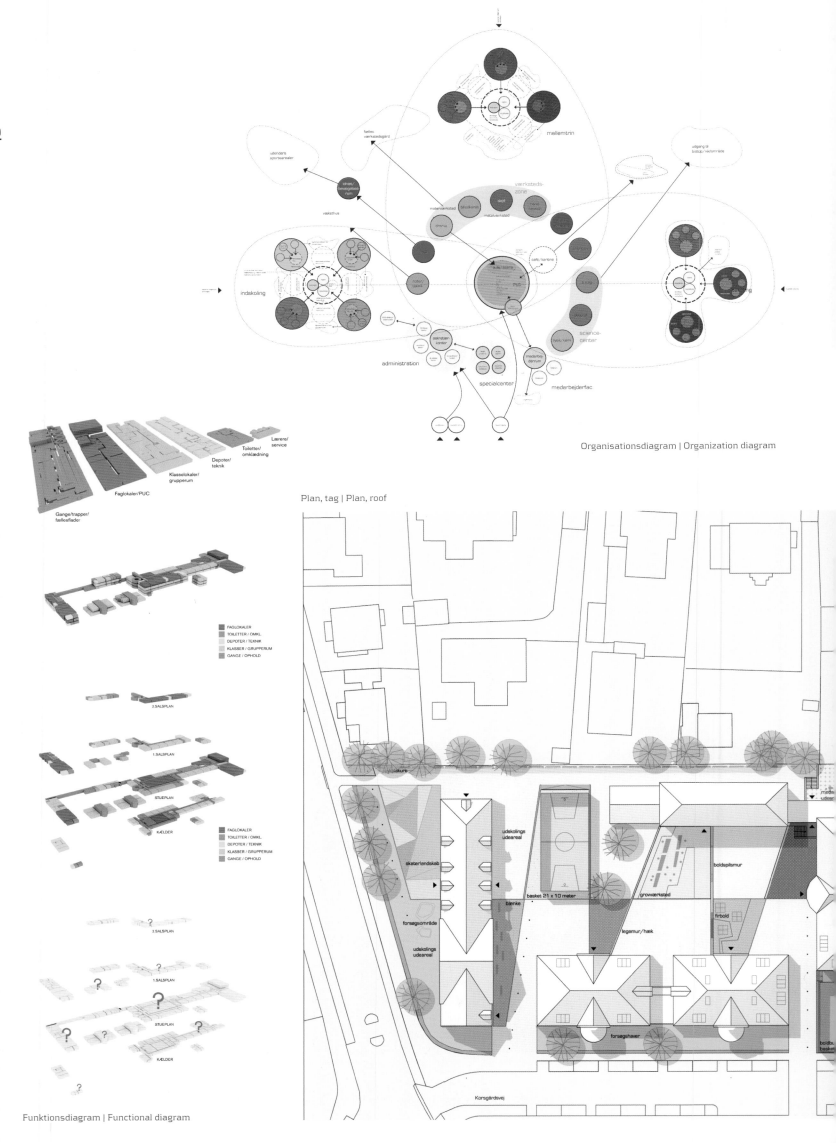

Organisationsdiagram | Organization diagram

Plan, tag | Plan, roof

Funktionsdiagram | Functional diagram

ADRESSE | ADDRESS:

Skovshoved, DK

BYGHERRE | CLIENT:

Gentofte Kommune, SKUB |

Gentofte Municipality, SKUB

ARKITEKT | ARCHITECT:

NORD i tæt samarbejde med CEBRA

NORD in close collaboration with CEBRA

ENTREPRENØR | TURNKEY CONTRACTOR:

Enemærke & Petersen A/S

STØRRELSE | SIZE:

10.000 m²

OPFØRELSE | CONSTRUCTION:

2006-2007

Dialog-redskab | Dialogue tool

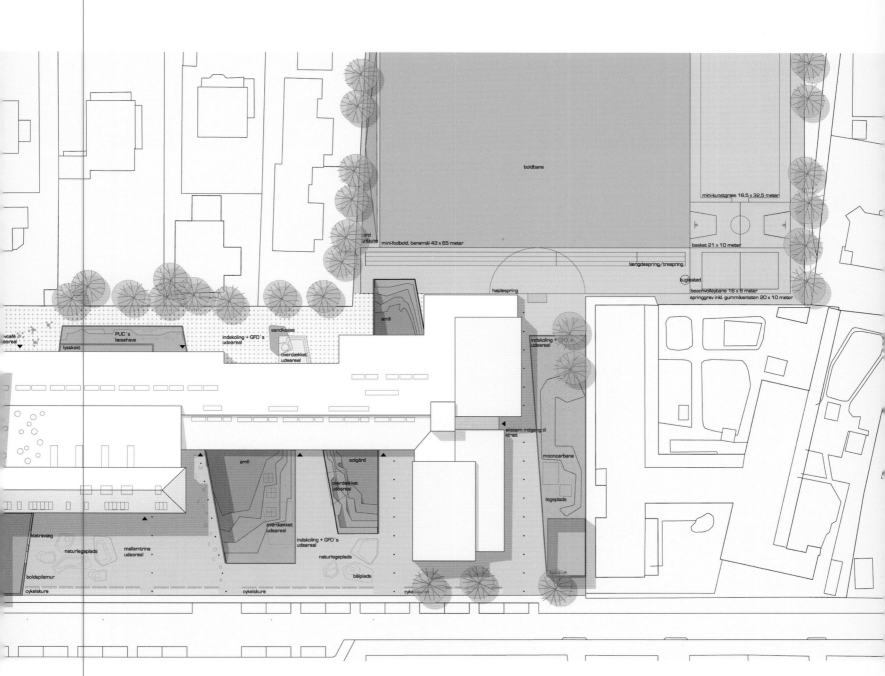

En flad bygningskrop sammenbinder to eksisterende skoleafsnit og skaber et nyt samlingssted. Grøn-sværen bag skolen foldes op og ned i den nye bygning, som herved tjener et ekstra formål som hævet skolegård og haverum.

ADRESSE | ADDRESS:
Gentofte, DK

BYGHERRE | CLIENT:
Gentofte Kommune | Gentofte Municipality

ARKITEKT | ARCHITECT:
CEBRA i samarbejde med Søren Robert Lund Arkitekter |
CEBRA in co-operation with Søren Robert Lund Arkitekter

ENTREPRENØR | TURNKEY CONTRACTOR:
Enemærke & Petersen A/S

STØRRELSE | SIZE:
6.200/1.800 m²

OPFØRELSE | CONSTRUCTION:
2006

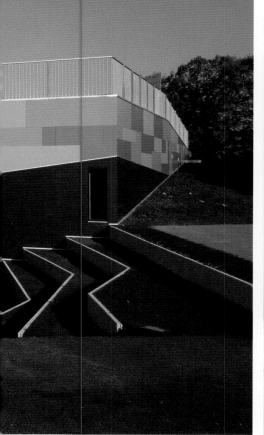

BAKKEGÅRDSSKOLEN
BAKKEGÅRD SCHOOL

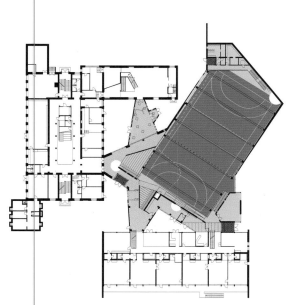

Plan, parterre | Plan, lower ground floor

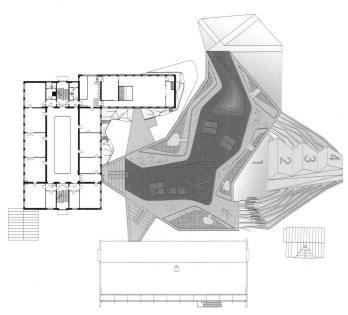

Plan, tag | Plan, roof

The flat body of the building connects two existing school departments and creates a new assembly area. The green area behind the school is folded up and down in the new building allowing it to serve an extra purpose as a raised schoolyard and garden space.

Tilbygningen forbinder enderne i en ældre U-formet skolebygning. Et indre atrium samt nye forbindelser og synergier opstår, og blindgyder elimineres. Man kan sige, at skolen kortsluttes.

The extension connects the ends of an older horseshoe-shaped school building. This creates an inner atrium and new connections and synergies while eliminating dead ends. It might be said that the school has been short-circuited.

ORDRUP SKOLE
ORDRUP SCHOOL

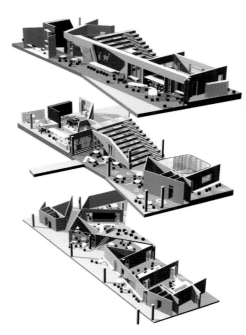

ADRESSE | ADDRESS:

Charlottenlund, DK

BYGHERRE | CLIENT:

Gentofte Kommune | Gentofte Municipality

ARKITEKT | ARCHITECT:

CEBRA i samarbejde med Søren Robert Lund Arkitekter |

CEBRA In co-operation with Søren Robert Lund Arkitekter

STØRRELSE | SIZE:

4.000/1.800 m²

OPFØRELSE | CONSTRUCTION:

2005

UDDANNELSE |

EDUCATION

IT Universitetet er placeret omkring et stort centralt atrium med frit udhængende bokse af forskellig størrelse til brug for gruppe-, arbejds- eller møderum. Stueetagen indeholder fællesfaciliteterne: forelæsningsrum, kantine og bibliotek. Undervisningsfaciliteter er placeret i åbne studieområder omkring atriet og forskningsafdelingerne i de roligere områder i begge ender af bygningen. Bygningen står hævet over terrænet. En metalklædt ramme omslutter hele bygningen i en enkelt dynamisk bevægelse. Glasfacaderne indeni rammen er opdelt i vandrette ribber af glas af forskellig farve og karakter – en kraftfuld grøn farvet glas, halvgennemsigtigt glas og klart glas.

ADRESSE | ADDRESS:
København | Copenhagen, DK

BYGHERRE | CLIENT:
Undervisningsministeriet | Ministry of Education

ARKITEKT | ARCHITECT:
Henning Larsens Tegnestue A/S | Henning Larsen Architects A/S

LANDSKAB | LANDSCAPE:
Svend Kierkegaard

RÅDGIVERE | CONSULTANTS:
Birch & Krogboe

INGENIØR | ENGINEER:
Carl Bro

ENTREPRENØR | TURNKEY CONTRACTOR:
Hifab/Wissenberg

STØRRELSE | SIZE:
19.000 m²

OPFØRELSE | CONSTRUCTION:
2004

Konkurrence, 1. præmie | Competition, 1st prize

Opstalt, syd | Elevation, south

IT UNIVERSITETET
IT UNIVERSITY OF COPENHAGEN

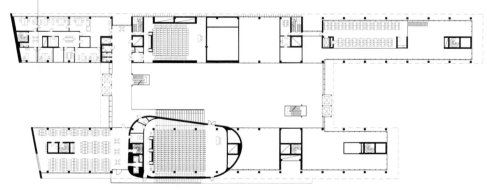

Plan 1. sal | Plan, first floor

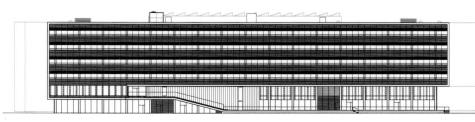

Opstalt, vest | Elevation, west

The IT University is arranged around a large central atrium with group and meeting rooms designed as cantilevered boxes of various sizes. The ground floor comprises the common facilities: lecture halls, canteen and library. Teaching facilities are located in open study areas surrounding the atrium and research departments in the calmer zones at both ends of the building. The building stands elevated above terrain. A metal clad frame enfolds the entire volume in one singular dynamic movement. The glass façades inside the frame are divided into horizontal ribbons of glass of varying colour and character – powerful green-coloured glass, translucent glass and clear glass.

Aarhus Universitet – der er opført fra 1931 – er enestående som sammenhængende universitetscampus med sin gennemførte arkitektur, den homogene brug af gul tegl og den landskabelige tilpasning. Aarhus Universitet er blevet kendt og anerkendt, bl.a. fordi universitetsparken i dag fremstår som en helstøbt bebyggelse, der forener en række af funktionalismens bedste sider med god dansk tradition i form og materialer. Arkitektfirmaet C. F. Møller har ledet opførelsen af universitetets bygninger frem til og med i dag.

AARHUS UNIVERSITET
UNIVERSITY OF AARHUS

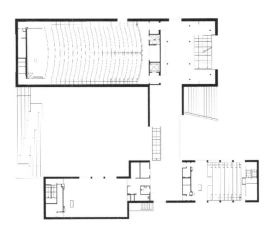

Plan, 1. sal | Plan, first floor

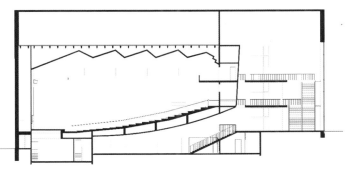

Længdesnit | Longitudinal section

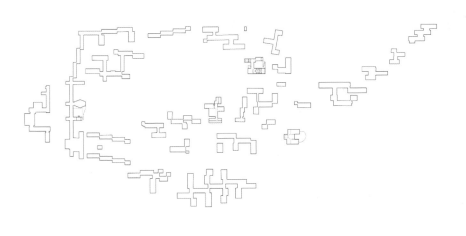

The University of Aarhus from 1931 is a unique and co-herent university campus with consistent architecture, homogenous use of yellow brickwork and adaptation to the landscape. The University has won renown and praise as an integrated complex which unites the best aspects of functionalism with solid Danish traditions in form and materials. C. F. Møller Architects has directed the design of the university buildings from the beginning to the present day.

ADRESSE | ADDRESS:
Århus, DK

BYGHERRE | CLIENT:
Undervisningsministeriet |
Danish Ministry of Education

ARKITEKT | ARCHITECT:
1931: Kay Fisker, C. F. Møller & Poul Stegmann
1937: Kay Fisker & C. F. Møller
1942-: C. F. Møller & Arkitekfirmaet C. F. Møller |
C. F. Møller Architects

LANDSKAB | LANDSCAPE:
C. Th. Sørensen

RÅDGIVERE | CONSULTANTS:
Flere | Various

INGENIØR | ENGINEER:
Flere | Various

STØRRELSE | SIZE:
+200.000 m²

OPFØRELSE | CONSTRUCTION:
1931-2006

Konkurrence, 1. præmie (1931) | Competition, 1st prize (1931)

Fakultet for Kunst, Medier og Socialvidenskab skal give Manchesters undervisningsmiljø en saltvands-indsprøjtning og blive et centralt vartegn for Salford Universitet. Det nye center skaber optimale forhold for udvikling af nye britiske talenter indenfor kunst, performance, mode og medier. 3XN har tegnet en åben og dynamisk bygning, som integrerer de kunstneriske uddannelser og skaber ideelle forhold for videndeling. Undervisnings- og værkstedsområderne er vævet sammen i en blanding af enkelt- og dobbelthøje etager, placeret omkring et højt atrium med glasloft og en bred, snoet trappe som forbinder alle etager. Ideen er at blande de studerende og lærerne og at åbne kunstarterne mod hinanden, både visuelt og fysisk. Bygningens blødt formede ydre samler campus og bliver et fokuspunkt for hele universitetet. Den åbner sig venligt mod omgivelserne med indbydende, svagt skrånende ramper og dybe indsnit, som gør livet indenfor synligt. Ramperne leder til multifunktionelle auditorier, et bibliotek og andre fællesfaciliteter, som betjener såvel studerende fra uddannelserne i huset som resten af universitetets studerende.

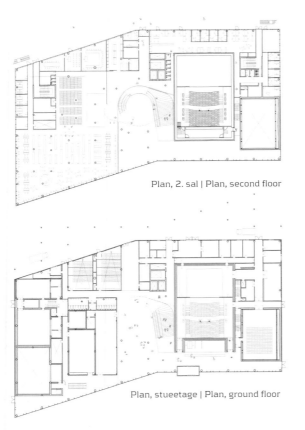

Plan, 2. sal | Plan, second floor

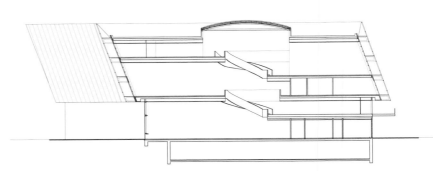

Tværsnit | Cross section

Plan, stueetage | Plan, ground floor

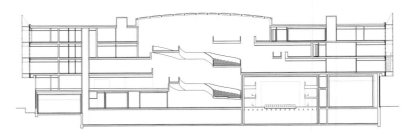

Længdesnit | Longitudinal section

SALFORD UNIVERSITET
UNIVERSITY OF SALFORD

The Faculty for Arts, Media and Social Science shows a transparent and dynamic structure that integrates the creative educations and encourages the sharing of inspiration and knowledge. The studio and workshop areas are interwoven in storeys with a mix of high and low ceilings. All areas are concentrated around a tall, glass roofed space with a central spiral staircase connecting all floors. The idea is to blend students and teachers and to open the different arts to one another. The delicately shaped outline of the building binds the campus together as the focal point of the University. The Centre's gently sloping ramps opens invitingly, and deep cuts render life inside the building visible. The ramps lead to multifunctional auditoriums, a library and other shared facilities dedicated to people from inside the building as well as to their colleagues from other faculties.

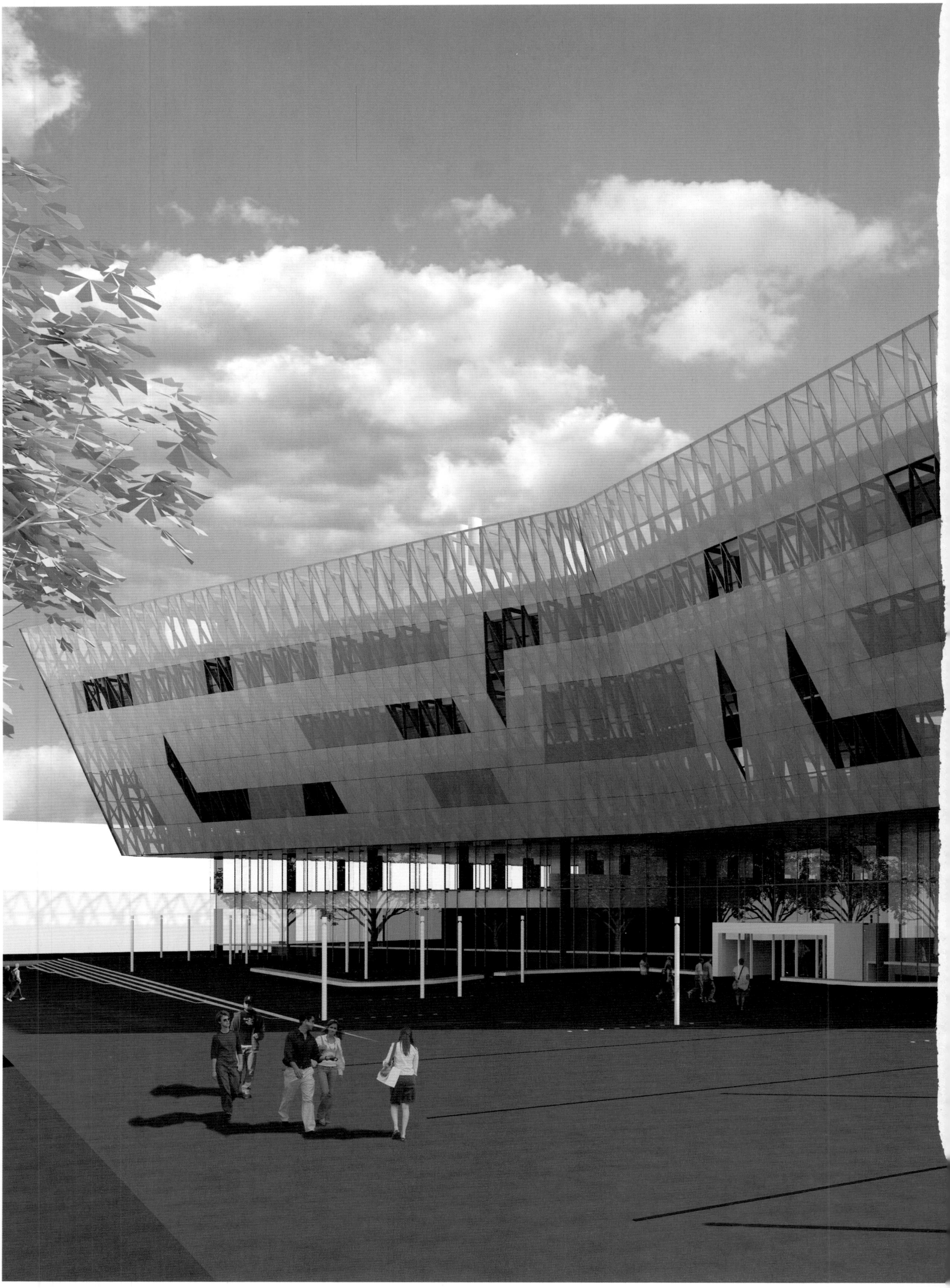

ADRESSE | ADDRESS:
Salford, Manchester, UK

BYGHERRE | CLIENT:
Salford Universitet | The University of Salford

ARKITEKT | ARCHITECT:
3XN

INGENIØR | ENGINEER:
ARUP

ØKONOMISK RÅDGIVER | FINANCIAL ADVISER:
EC Harris

STØRRELSE | SIZE:
21.000 m²

OPFØRELSE | CONSTRUCTION:
2008

Konkurrence, 1. præmie | Competition, 1st prize

Thor Heyerdahls Videregående Skole (THVS) bliver med sine godt 27.000 m², 1.650 elever og 300 ansatte, et af Norges største gymnasier. Udover lokaler til servicefag, formidlingsfag, håndværksfag og almene gymnasielle fag, vil skolen også blive integreret med en større multifleksibel sportsarena. Mens skolen i dag ligger spredt ud over grunden i bygninger uden intern relation – hverken fysisk eller arkitektonisk – vil den nye THVS samle skolens forskellige elementer i en kompakt og vertikalt orienteret bygning. Hovedstrukturen består af et åbent kvadratisk dæk. I dette dæk laves dybe udskæringer, der dels skaber dynamik, dels muliggør dagslysets vej dybt ind i bygningen. Dækket ovenover er tilsvarende, men drejet 180 grader om bygningens centerakse. Dermed opstår en serie af enkelt og dobbelthøje områder der udnyttes til teoretiske fag, værkstedsaktiviteter og fællesfaciliteter. Rotationsprincippet, samt små forskydninger i dækkanten, skaber udendørs terrasser, og inde i selve huset etableres visuel kontakt mellem etagerne. Udefra giver indskæringerne huset sin karakteristiske dynamiske form med fire akser, der peger ud i konteksten og favner den.

ADRESSE | ADDRESS:
Larvik, NO

BYGHERRE | CLIENT:
Vestfold Kommune | Vestfold Municipality

ARKITEKT | ARCHITECT:
schmidt hammer lassen

LANDSKAB | LANDSCAPE:
SLA A/S

STØRRELSE | SIZE:
27.000 m²

OPFØRELSE | CONSTRUCTION:
2006-2008

Konkurrence, 1. præmie | Competition, 1st prize

THOR HEYERDAHL VIDEREGÅENDE SKOLE
THOR HEYERDAHL COLLEGE

With its 27.000 m², its 1650 students and 300 staff, the Thor Heyerdahl College (THC) is one of the largest sixth form colleges in Norway. Aside from the rooms for service industry subjects, communications subjects, trades and general subjects, the school will be integrated with an ultra-flexible sports arena. While at present the school is dispersed across the site, housed in buildings with no interrelations – neither physical nor architectural – the new THC will cluster the school's various elements in a compact and vertically oriented building. The main structure comprises an open square plate that has deep, cut-out openings in it, which both create a dynamic and allow natural light to penetrate deep into the building. A corresponding plate above it is turned 180 degrees on the building's axis. This gives rise to a series of single and double-height areas which accommodate academic subjects, workshop activities and communal facilities. The rotational effect and mutually displaced plate edges create outdoor terraces, while on the inside providing visual connections between floors. Viewed from the outside, the incisions give the building direction and a distinctive, dynamic form, with four axes that each point out into the context and embrace it.

Ensomhed og mangel på sociale relationer er et stort problem for mange studerende. Bikuben Kollegiet danner rammer for studielivet og udvider muligheden for, at fællesskaber kan opstå i et bredt socialt netværk. Hovedformen er afklaret og har i sig kollegiets bærende tanke om fællesskab og ligeværdighed. Boliger og fællesrum er koblet sammen i en dobbeltspiral omkring en lysgård for at give størst mulig kontakt mellem fælles og private rum, men samtidigt sikre privatheden i den enkelte bolig. Kollegieboligens grænser spændes således ud i hele bygningsvoluminet og den sociale berøringsflade, og den enkeltes råderum prioriteres maksimalt. Konkret tektonik og social ansvarlighed flettes sammen, og bygningen indlejres i stedet og ændrer dets tilstand.

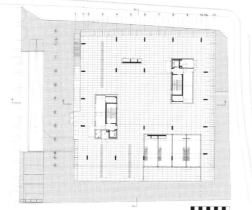

Plan, stuetage | Plan, ground floor

BIKUBEN KOLLEGIET
BIKUBEN STUDENT RESIDENCE

Loneliness and lack of social relations are major problems for many students. Bikuben student residence provides the framework for the study years and improves the possibilities of a community spirit emerging in a widespread social network. The main shape is very serene and conveys in itself the hostel's founding principles of community and equality. To provide the greatest possible contact between common and private rooms, while at the same time ensuring the privacy of each residence, the residences and the common rooms are connected in a double spiral surrounding an atrium. Thus, the limitations of the student's living quarters are widened to incorporate the entire building and the social contact areas, and the freedom of the individual is considered to a maximum degree. Concrete tectonics and social responsibility merge, and the building is embedded in its place and alters its conditions .

ADRESSE | ADDRESS:
København | Copenhagen, DK

BYGHERRE | CLIENT:
Bikubens Kollegiefond, DK

ARKITEKT | ARCHITECT:
aart a/s

LANDSKAB | LANDSCAPE:
aart a/s

INGENIØR | ENGINEER:
Rambøll a/s

STØRRELSE | SIZE:
7.000 m²

OPFØRELSE | CONSTRUCTION:
2003-2006

Konkurrence, 1. præmie | Competition, 1st prize

Vandtårnets særlige karakteristika består af to markante arkitektoniske elementer: søjlerne og tanken. Søjlerne tegner tårnets periferi og løfter den romantiske røde vandtank med tag og vejrhane højt op i luften. Tilsammen danner de et vartegn med en stærk identitet og stærke arkitektoniske associationer. Etagerne under tanken i Jægersborg Vandtårn har været udnyttet til kontorer og fritidshjem gennem flere år. Med det nye projekt udvides og forbedres fritidshjemmet i de nedre etager, mens de øvre niveauer ombygges og nyindrettes til ungdomsboliger indenfor den eksisterende konstruktion og geometri. Hver enkelt ungdomsbolig tilføjes sin egen individuelle krystal i form af en fremspringende glaskarnap, som trækker lyset langt ind i boligen og tillader et frit udsyn over området. Krystallerne danner en skulpturel struktur, der underbygger vandtårnets markante karakter. Adgangen til boligerne sker via et fordelings-rum, der frilægger den oprindelige loftskonstruktion med en rund depotkerne i centrum. Der er placeret større fælles opholdsrum med tilknyttede altaner på 4., 6. og 8. etage. Fritidscentrets aktive indhold og større flydende rumdannelser understreges af store åbne glaspartier vekslende med lukkede farvede felter i en fri komposition. Gennem glas-vippeporte i stueetagen bliver der direkte forbindelse til udearealernes organisk udformede belægning.

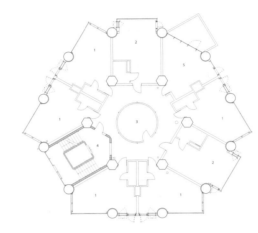

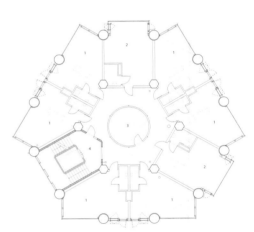

Plan, 4. sal | Plan, fourth floor   Plan, 7. sal | Plan, seventh floor

JÆGERSBORG VANDTÅRN – KONVERTERING
JÆGERSBORG WATER TOWER – CONVERSION

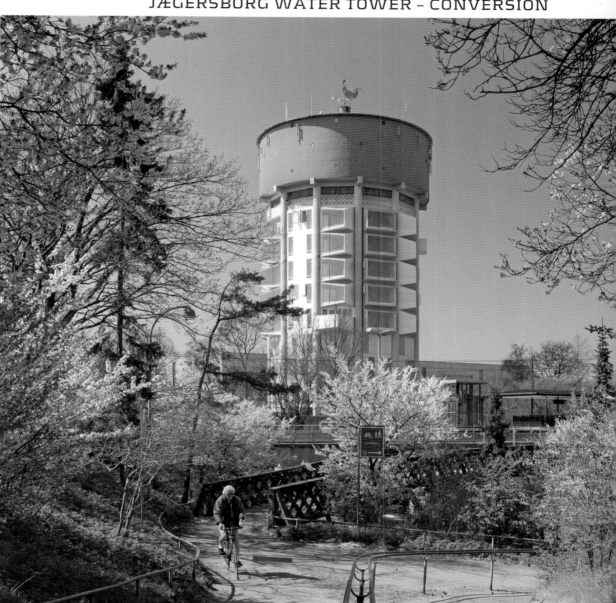

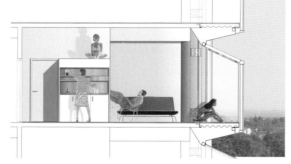

Snit | Section

In 2004 Dorte Mandrup Architects won the competition to convert the Jægersborg Water Tower into a mix-use building with a youth centre and residences. In the upper floors of the tower, residential units are laid out along the perimeter of the structure leaving the centre as common living and storage space. Each unit is formally expressed by a protruding crystal-like oriel bringing light deep into the apartment and offering unobstructed views to the surrounding landscape. Together, the oriels and common balconies add new sculptural layers that underscore the distinctive character of the tower. On the lower floors, the youth centre is divided into large multi-purpose rooms for free movement and adaptability. Large patterned windows surround the youth centre with overhead doors on the ground floor pushing the centre's adaptability externally.

ADRESSE | ADDRESS:
Gentofte, DK

BYGHERRE | CLIENT:
Gentofte Kommune og Domea |
Gentofte Municipality and Domea

ARKITEKT | ARCHITECT:
Dorte Mandrup Arkitekter ApS | Dorte Mandrup Architects ApS

LANDSKAB | LANDSCAPE:
Marianne Levinsen Landscape

INGENIØR | ENGINEER:
Hansen, Carlsen & Frølund A/S

ENTREPRENØR | TURNKEY CONTRACTOR:
E. Pihl & Søn A/S

STØRRELSE | SIZE:
2.880 m²

OPFØRELSE | CONSTRUCTION:
2006

Terrace Sun Diagram

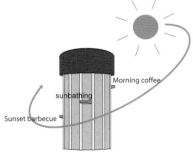

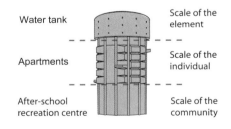

Water tank — Scale of the element

Apartments — Scale of the individual

After-school recreation centre — Scale of the community

Characteristics of the existing:
Water tank and columns

Addition of tower:
Imbalance

Addition of skin: The structure is blured

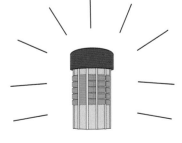

New elements emphasize the original characteristics. Human scale adapts to the scale of the landmark

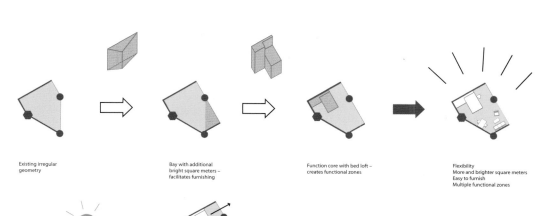

Existing irregular
geometry

Bay with additional
bright square meters –
facilitates furnishing

Function core with bed loft –
creates functional zones

Flexibility
More and brighter square meters
Easy to furnish
Multiple functional zones

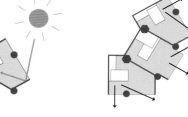

The solid side of the bays reflects sun
light into the apartment

view + privacy

>>>

SPORT

Kryds og bolle-konceptet skal vitalisere gamle idrætshaller. Krydset skærer anlægget op og sikrer dagslysindfald samt kontakt til udearealerne. Bollen binder flowet sammen og eliminerer blindgyder.

XO-HAL HARBOØRE

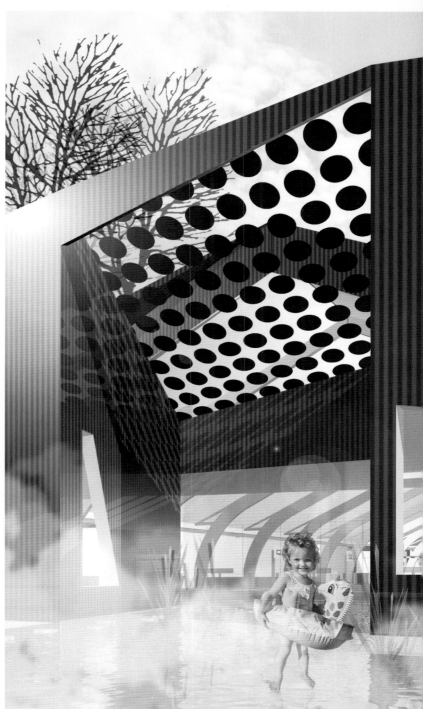

The noughts and crosses concept is intended to revitalise old sports halls. The cross cuts the building and ensures daylight as well as contact to the outdoor areas. The nought links the flow and prevents dead ends.

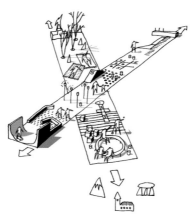

ADRESSE | ADDRESS:
Harboøre, DK

BYGHERRE | CLIENT:
Harboørehallen & LOA

ARKITEKT | ARCHITECT:
CEBRA

STØRRELSE | SIZE:
5.500 m²

OPFØRELSE | CONSTRUCTION:
Igangværende | Ongoing

Bislett Stadion er Nordens mest berømte atletikanlæg placeret i Oslos centrum i et af byens mest karakteristiske og særprægede kvarterer. Det første anlæg åbnede i 1920, og i 1995 vandt Arkitektfirmaet C. F. Møller opgaven om et nyt stadion. Opgavens væsentligste udfordring har været at tilpasse det nye Bislett Stadion til byen og omgivelserne. Bislett Stadion blev indviet ved det internationale atletikstævne Bislett Games i juli 2005, mens arbejdet med de omkringliggende pladser færdiggøres i løbet af 2006.

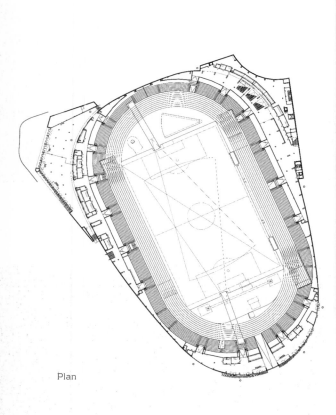

Plan

BISLETT STADION
BISLETT STADIUM

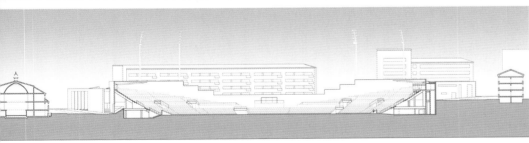

Snit | Section

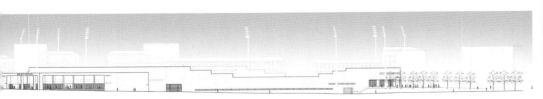

Facade | Façade

Bislett Stadium is the most famous sports complex in the Nordic countries, located in Oslo city centre in one of the city's most characteristic and distinctive neighbourhoods. The first stadium opened in 1920, and in 1995 C. F. Møller Architects won the competition for a new Bislett Stadium. The most important challenge of the commission was to adapt the new Bislett Stadium to the city and its surroundings. Bislett Stadium was inaugurated for the international Bislett Games in July 2005, and the work on the surrounding areas will be completed in the course of 2006.

ADRESSE | ADDRESS:
Oslo, NO

BYGHERRE | CLIENT:
Oslo Komune, Kultur og Sports Myndighed |
Oslo Municipality, Culture and Sports Authority

ARKITEKT | ARCHITECT:
Arkitektfirmaet C. F. Møller | C. F. Møller Architects

LANDSKAB | LANDSCAPE:
Arkitektfirmaet C. F. Møller | C. F. Møller Architects

RÅDGIVERE | CONSULTANTS:
Terramar™/Erstad & Lekven/Dr. techn. Olav Olsen/Multicon-
sult/Sweco Grøner

ENTREPRENØR | TURNKEY CONTRACTOR:
NCC

STØRRELSE | SIZE:
15.000 siddepladser/18.000 m²
15.000 seats/18.000 m²

OPFØRELSE | CONSTRUCTION:
2004-2005

Konkurrence, 1. præmie | Competition, 1st prize

Konceptskitse| Conceptual diagram

De to nye skøjtehaller med plads til ca. 5.000 tilskuere og med tilhørende bifunktioner samles i én skulpturel bygningskrop under ét ubrudt tag. Dette tag "flyder" i en glidende bevægelse sammen med bygningens nye facader, hvorved omgivelserne – og ikke mindst det store landskab mod syd – mødes af bygningens fortløbende tag-baldakin og "inviteres" ind under dennes betragtelige tagudhæng. Det opadstræbende, organisk svungne snit er direkte afledt af et ønske om at kontrastere den eksisterende storhals enorme masse med ideen om at udtrykke is-sportens hurtige og næsten vægtløse elegance i det byggede. Helhedsvirkningen i den samlede komposition opnås således ved at kontrastere det nedadrettede voluminøse udtryk i den eksisterende hal med et udadrettet og let udtryk i den nye bygning. Derved fuldendes det samlede Gigantiums vartegnspræg i området. Det opadsvungne facadeprofil går igen i de indvendige facader, hvorved husets indre bliver et udtryksfuldt og afvekslende bygningslandskab.

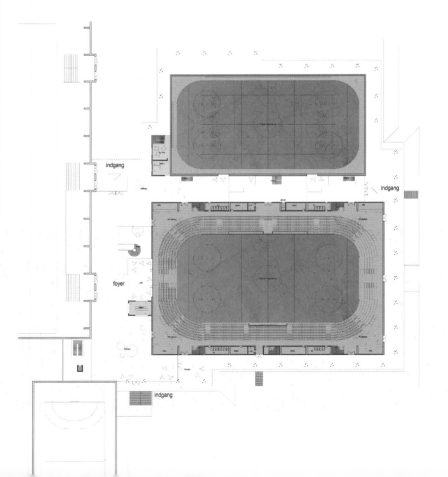

ADRESSE | ADDRESS:

Aalborg, DK

BYGHERRE | CLIENT:

Aalborg Kommune | Aalborg Municipality

ARKITEKT | ARCHITECT:

Friis & Moltke A/S

INGENIØR | ENGINEER:

COWI A/S

ENTREPRENØR | TURNKEY CONTRACTOR:

A. Enggaard A/S

STØRRELSE | SIZE:

9.140 m²

OPFØRELSE | CONSTRUCTION:

2007

Konkurrence, 1. præmie | Competition, 1st prize

NYT SKØJTESTADION I AALBORG
NEW SKATING RINK IN AALBORG

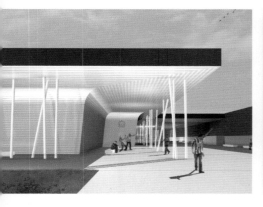

The two new skating rinks, with room for about 5,000 spectators as well as all the necessary subsidiary functions, are united in a single sculptural building complex under a single unbroken roof. This roof flows smoothly into the new façades of the building, ensuring that the surrounding environment – and not least the spacious landscape to the south – are met by the continuous roof canopy and invited under its considerable projection. The upwardly mobile, organic design has been inspired directly by the wish to contrast the enormous mass of the present rink with the idea of expressing the rapid, almost weightless elegance of ice skating. The overall effect of the complex is achieved by contrasting the voluminous, gravitational impression of the existing rink with the extrovert, light design of the new building. The new building is the perfect addition to the Gigantium, which is a regional landmark in Aalborg. The aspiring façade profile is repeated in the internal façades, thereby ensuring that the inside of the building is full of both expression and variety.

BELLAHØJBADET | BELLAHØJ POOL

Med det nye Bellahøjbad er København klar til at afholde nationale og internationale stævner. Det nye anlæg fremstår som en naturlig udbygning af det eksisterende bygningsanlæg og bliver en samlet arkitektonisk og funktionel helhed, der kan rumme alt fra elite til fritid. Den arkitektoniske løsning for det nye Bellahøjbad favner i ét greb stedets fornemme bymæssige og landskabelige kendetegn, idet anlægget fremstår som et modelleret landskab med en central byplads. Herved forbinder og adskiller anlægget på en gang byen og parken.

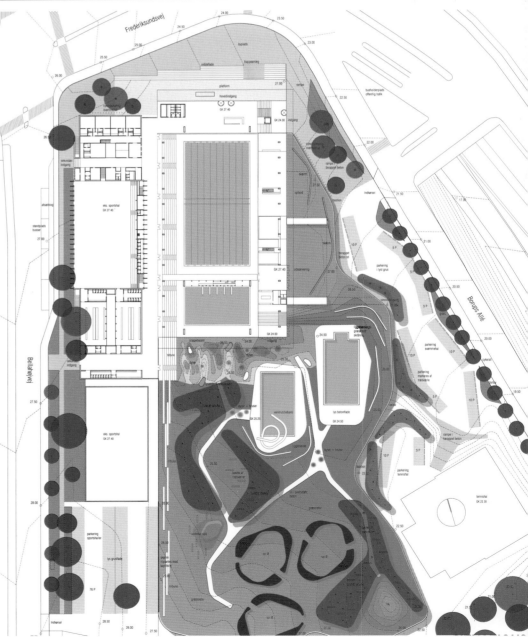

ADRESSE | ADDRESS:
Brønshøj, DK

BYGHERRE | CLIENT:
Københavns Kommune | Copenhagen Municipality

ARKITEKT | ARCHITECT:
Arkitema

LANDSKAB | LANDSCAPE:
Arkitema

INGENIØR | ENGINEER:
Balslev & Søren Jensen

STØRRELSE | SIZE:
8.145 m²

OPFØRELSE | CONSTRUCTION:
2005-2009

BELLAHØJBADET

BELLAHØJ POOL

With the new Bellahøj Pool, Copenhagen is ready to hold national and international swimming competitions. The new development is designed as a natural extension of the existing structure, forming an architectural and functional whole which can encompass anything from elite sports to leisure activities. The new Bellahøj Pool Complex encapsulates in one the locality's splendid urban and rural characteristics; the complex forms a modelled landscape with a central plaza, thereby both linking and separating the town and the park.

KULTUR | CULTURE

Danskerne nyder udendørs aktiviteter af forskellig art året rundt trods et ustabilt og koldt klima. Med små bestræbelser og til lav pris kan brugen af udendørs faciliteter mangedobles. NORD blev af Lokale- og Anlægsfonden bedt om at skabe en let struktur til minimal pris. Der blev designet to bygningskoncepter, der ikke behøver særlige faciliteter og som kan tilpasses forskellige kontekster og forskelligt indhold. De lette strukturer kan bruges til at overdække områder til sociale forsamlinger, sportsaktiviteter, koncerter og midlertidige aktiviteter. Konceptet er enkelt: man bestiller en let struktur gennem Lokale- og Anlægsfonden og placerer den på en lokal urban plads, tilføjer den på eksisterende sportsområder eller sætter den op i en park, således at den kan udvide brugen af udendørs aktiviteter. Hvem har sagt, at rumlige og arkitektoniske erfaringer behøver at være besværlige og dyre?

OVERDÆKNING TIL SPORT OG KULTUR
LIGHT STRUCTURE FOR SPORT AND CULTURE

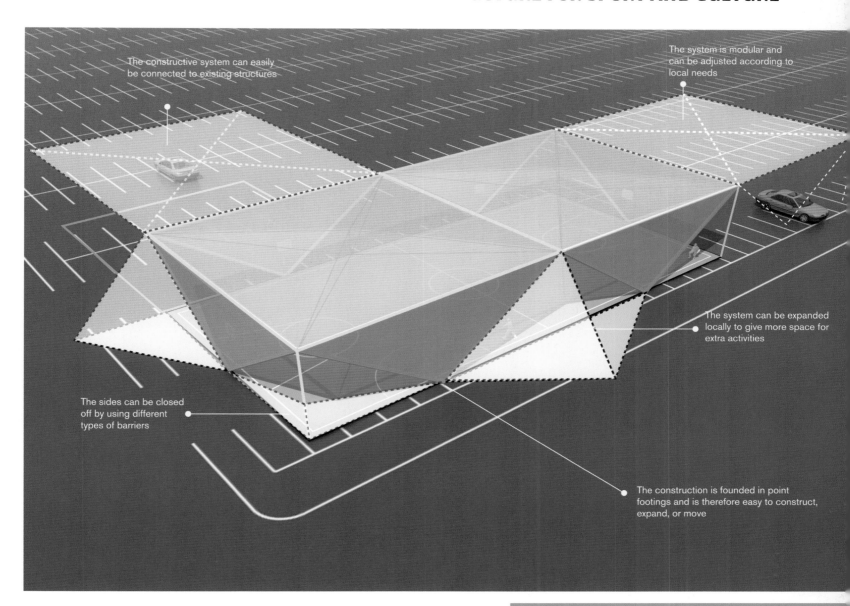

The constructive system can easily be connected to existing structures

The system is modular and can be adjusted according to local needs

The system can be expanded locally to give more space for extra activities

The sides can be closed off by using different types of barriers

The construction is founded in point footings and is therefore easy to construct, expand, or move

Despite having an unstable and chilly climate, the Danes enjoy outdoor activities of different kind all year round. With minimal effort and at low costs the joys and use of outdoor facilities could be multiplied. NORD was asked by The Danish Foundation for Culture and Sport Facilities to create a light structure at minimal costs. Two concepts were designed, neither of them need special facilities and can be adjusted to various contexts and content. The light structures can be used to cover areas for social gatherings, sport activities, concerts and temporary activities. The concept is simple: you order the light structure through The Danish Foundation for Culture and Sport Facilities and place it at your local urban square, add it to your existing sport grounds, or put it up in a park to extend the use of the outdoor activities. Who said spatial and architectonic experiences have to be troublesome and expensive?

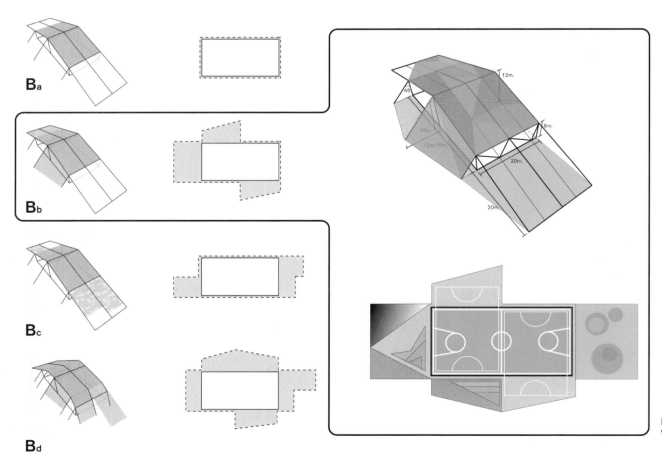

Ba

Bb

Bc

Bd

Modulvarianter |
Variations of modules

ADRESSE | ADDRESS:

Forskellige steder | several sites

BYGHERRE | CLIENT:

Lokale- og Anlægsfonden |

Danish Foundation for Culture and Sport Facilities

ARKITEKT | ARCHITECT:

NORD

STØRRELSE | SIZE:

20x40 m

OPFØRELSE | CONSTRUCTION:

2006

Halmstad Bibliotek ligger i et grønt parkrum ved floden Nissan med udsigt til Halmstads historiske centrum. Et cirkulært atrium, bygget rundt om et stort eksisterende kastanietræ, skaber – sammen med de konkave glasfacader, spændt ud mellem to horisontale, svævende skiver – en række spændingsfyldte rum mod omgivelserne. Den nederste skive ligger på kælderen, som under bibliotekets fremskudte del ud over Nissan, viger for en krydsende promenade langs floden. Indenfor er biblioteket en fleksibel og åben struktur, hvor søjlerne spiller sammen med træernes stammer udenfor. Atriet skaber overblik og forbinder bibliotekets tre niveauer vertikalt. Rundt om atriet ligger informationstorvet med reception, søgeterminaler, udstillinger, café, samt en trappeforbindelse til førstesalens indskudte dæk og magasinerne i kælderetagen. Rundt om torvet – og ud mod facaden og udsigten – åbner de forskellige afdelinger sig med ro til fordybelse. Biblioteket er opført i beton, glas og lærketræ.

ADRESSE | ADDRESS:
Halmstad, SE

BYGHERRE | CLIENT:
Halmstad Kommune | Halmstad Municipality

ARKITEKT | ARCHITECT:
schmidt hammer lassen

INGENIØR | ENGINEER:
Moe & Brødsgaard

STØRRELSE | SIZE:
8.000 m²

OPFØRELSE | CONSTRUCTION:
2004-2006

Konkurrence, 1. præmie | Competition, 1st prize

Plan, stueetage | Plan, ground floor

Halmstad Library is set in a parkland space on the River Nissan, overlooking Halmstad's historical core. With a circular atrium set around a large existing chestnut tree – its fulcrum – and the long concave façade with double-height glazing 'distended' between two white horizontal 'floating' plates, nature, the seasons and the city all become part of the library. Inside, the library is essentially a single open space, flexible and highly legible: an open structure which allows an active interplay between the columns and the trunks of the trees outside. The atrium is the focal point that creates instant overview and connects the library's three floors vertically. Surrounding the atrium is the information plaza: an active zone containing reception, computer terminals, exhibitions, a café and a stairway to the balcony floor, and to the stacks in the basement. Around this zone – looking out in the direction of the façade and the view – the various sections unfurl, breathing their own tranquil atmosphere, affording users the space to ponder or be drawn in. The library is constructed of few and simple materials: concrete, glass and Nordic larch flooring.

KulturØ Middelfart står lysende og ekspressivt på en nyanlagt ø ved Middelfarts havnefront. Øens og marinaens cirkelslag danner kontrast til landsidens rette vinkler. Bygningens dynamiske form forholder sig til den unikke placering ved havnefronten. Med store glaspartier åbner kulturhuset sig mod vandet, mens de lodret opslidsede zinkfacader omslutter rummene, skaber ro og intimitet. Huset deles i to af en spalte; et dobbelthøjt foyerrum, der afsluttes af et ovenlysvindue med kig til himlen. Til den ene side ligger biblioteket, til den anden side turistinformation, biograf og restaurant – og til begge sider har man udsigten over Lillebælt. Kulturhusets trapezformer og kurvede flader er en fortolkning af sejl og vand. Fra det omkringliggende område, broer og både opleves huset som et skulpturelt vartegn i havnemiljøet.

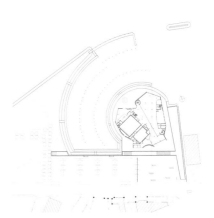

Plan, stueetage | Plan, ground floor

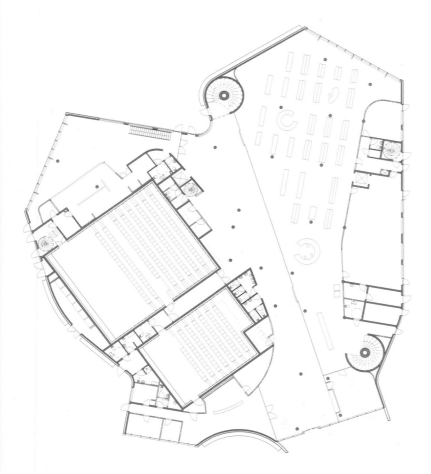

Plan, stueetage | Plan, ground floor

The Culture Island in Middelfart is a gleaming, characterful presence on the newly created island off the Middelfart waterfront. The circle described by the island and marina contrasts with the rectangularity of the landward side. The building's dynamic form responds to the uniqueness of its location on the waterfront. Via its extensive glazed sections, the arts and community complex opens out onto the water while the vertically slit, zinc façades enclose the interior spaces, creating tranquillity and intimacy. A cleft splits the complex into two: a double-height foyer space lit from above with a rooflight that affords a glimpse of the sky. On one side is the library, and on the other the tourist information office, a cinema and restaurant – and both sides command views across the Little Belt.

ADRESSE | ADDRESS:
Middelfart, DK

BYGHERRE | CLIENT:
Middelfart Kommune | Middelfart Municipality

ARKITEKT | ARCHITECT:
schmidt hammer lassen

INGENIØR | ENGINEER:
Hundsbæk & Henriksen

ENTREPRENØR | TURNKEY CONTRACTOR:
MT Højgaard

SAMARBEJDSPARTNERE | COLLABORATORS:
Arkitektfirma Karl C. Rosenberg Rasmussen og havnebyg-
ger Morten Rosbæk | Architecture firm Karl C. Rosenberg
Rasmussen and Harbour Builder Morten Rosbæk

STØRRELSE | SIZE:
4.500 m²

OPFØRELSE | CONSTRUCTION:
2003-2005

Konkurrence, 1. præmie | Competition, 1st prize

Kulturværftet forener historiens vingesus i et samlet kultur- og videnscenter med en toptunet moderne profil. Den samlede facadestruktur skaber en klar identitet, der brander Kulturværftet – ikke som en modernistisk kasse, der kontrasterer det eksisterende, men som en facetteret struktur, der i skala og rytme indgår i direkte dialog med kontekstens kaj- og voldanlæg og byens saddeltage. Projektet er en samlet strategi for to etaper i en robust byggeteknisk og realistisk, økonomisk helhedstanke, der sikrer maksimal udnyttelse af potentialet i den unikke beliggenhed ved sundet, Kronborg og Helsingør bymidte.

Tværsnit | Cross section

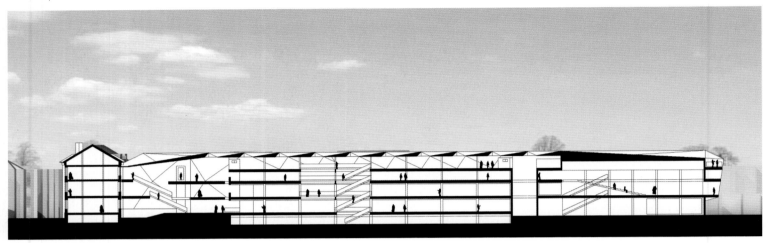

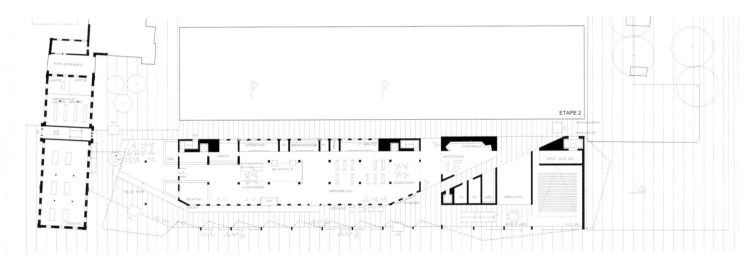

Plan, stueetage | Plan, ground floor

KULTURVÆRFTET I HELSINGØR

THE CULTURE YARD IN HELSINGØR

Længdesnit | Longitudinal Section

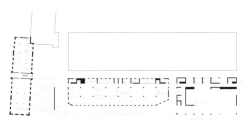

Plan, 2. sal | Plan, second floor

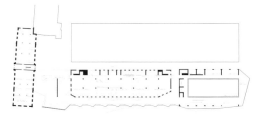

Plan, 1. sal | Plan, first floor

The Culture Yard unites the days of yore with a top-tuned modern profile in a unified culture and knowledge centre. The façade structure in its entirety creates a clear identity, branding the Culture Yard, not as a modernistic box contrasting with the existing, but as a facetted structure that in scale and rhythm communicates immediately with the wharfs and ramparts of its context as well as with the pitched roofs of the town. The project is a unified plan for a two-stage construction of a whole that is both building-technologically solid and financially viable, ensuring maximum benefit from the potential of the unique location at the sound, Kronborg and town centre of Helsingør.

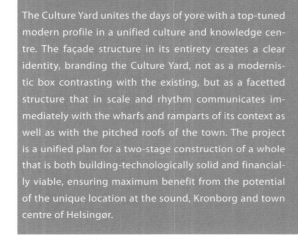

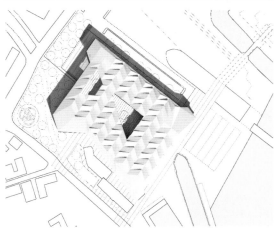

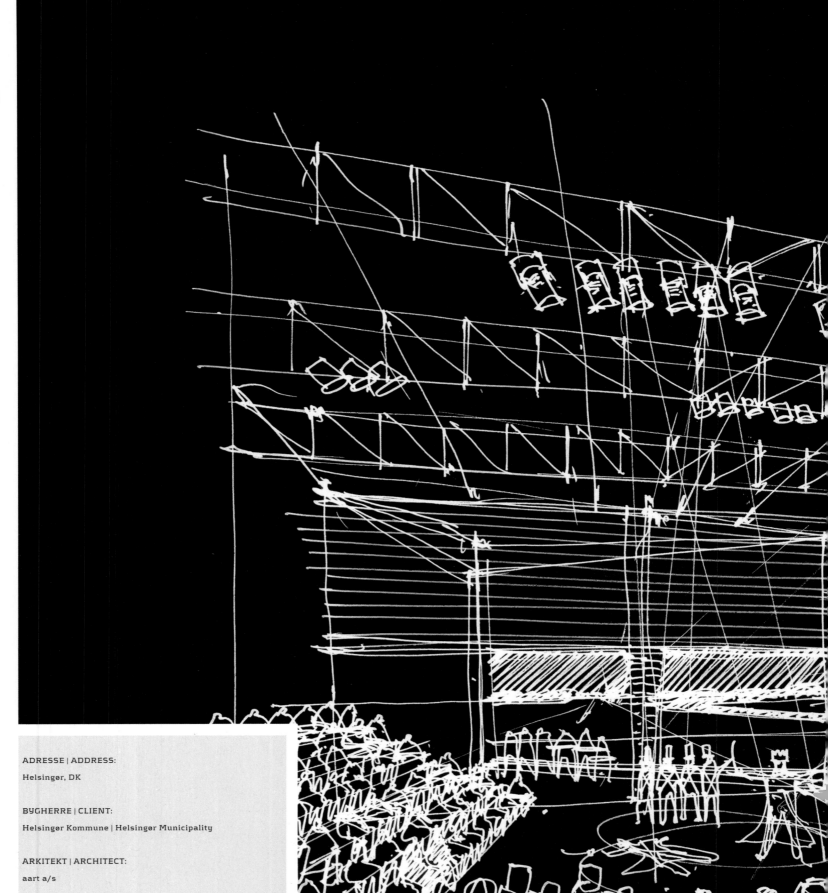

ADRESSE | ADDRESS:
Helsingør, DK

BYGHERRE | CLIENT:
Helsingør Kommune | Helsingør Municipality

ARKITEKT | ARCHITECT:
aart a/s

LANDSKAB | LANDSCAPE:
aart a/s

INGENIØR | ENGINEER:
Søren Jensen A/S

STØRRELSE | SIZE:
17.000 m²

OPFØRELSE | CONSTRUCTION:
Igangværende | Ongoing

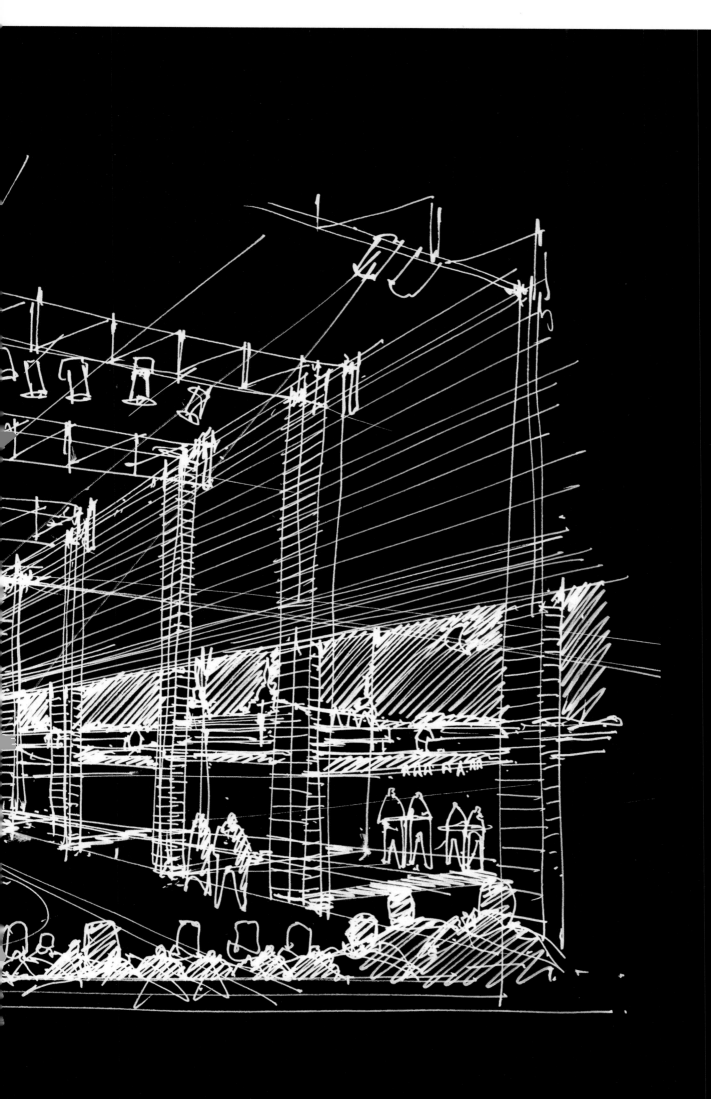

I begyndelsen af 2005 begyndte NORD at tegne en bygning, der skulle indeholde sportsfaciliteter for en folkeskole og et nærliggende gymnasium. Designprocessen begyndte med en omfattende undersøgelse, der omfattede brugergrupperne og den kommunale fritidsforvaltning. Denne innovative arbejdsproces førte til en meget kompakt bygning, hvor brugerne selv definerede grænserne imellem de fysiske og organisatoriske omgivelser. Bygningens plan placerer biblioteket og en hovedindgangs hall centralt, hvorved den forbinder parken og de ydre sportsfaciliteter. I stueetagen tillader entréen fri bevægelse imellem de multifunktionelle rum, sportshallen og de forskellige faciliteter.

ORDRUP HAL
ORDRUP MULTIFUNCTION HALL

In the beginning of 2005 NORD began designing a hybrid programmed building containing sport facilities for a public school and high school situated nearby. The design process began with an extensive research and participatory process with the four user groups, the secondary school, the primary school, the library and the local municipality. This innovative way of working led to a very compact building, where the users themselves negotiated the boundaries between the physical and organizational environments. The layout of the building places the library and a main hallway in the middle of the building thereby connecting the park and the outdoor sport facilities. On the ground level the hallway enables free circulation between the multifunctional spaces, the main sports hall and changing facilities.

ADRESSE | ADDRESS:
Ordrup, DK

BYGHERRE | CLIENT:
Gentofte Kommune, SKUB |
Gentofte Municipality, SKUB

ARKITEKT | ARCHITECT:
NORD i tæt samarbejde med SRL Arkitekter |
NORD in close collaboration with SRL Architects

INGENIØR | ENGINEER:
Rambøll

ENTREPRENØR | TURNKEY CONTRACTOR:
Hoffman

STØRRELSE | SIZE:
3.350 m² (2.000 m² sport, 800 m² bibliotek, 300 m² audito-
rium) | 3.350 m² (2.000 m² sports, 800 m² library, 300 m²
auditorium)

OPFØRELSE | CONSTRUCTION:
2006-2007

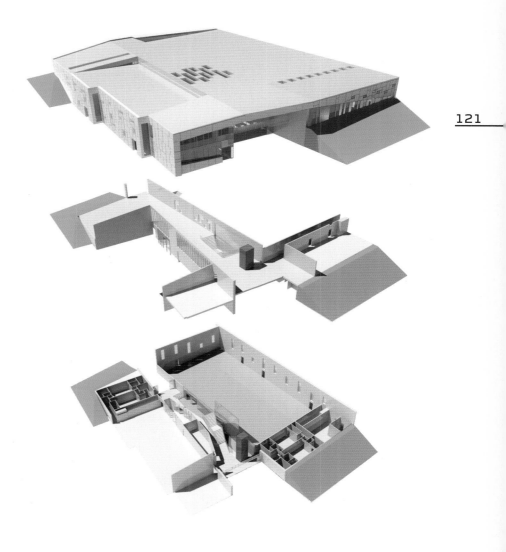

ABERDEEN UNIVERSITETSBIBLIOTEK | ABERDEEN UNIVERSITY LIBRARY

Aberdeen Universitetsbibliotek er designet som ét stort retvinklet volumen; et 10-etagers højt tårn i Aberdeens skyscape. Det har et lyst og luftigt design – og en tidløs kvalitet qua sin proportionering, materielle beskaffenhed og rene linjer. Facaden er konstrueret som en klimaskærm, der ændrer sig, når den belyses med særlige lyskvaliteter eller billeder. I de mørke vintermåneder vil den stå som et lysende vartegn. En udstillingsmontre med sjældne bøger er anbragt som en kubus i det dobbelt høje rum i stueetagen og fungerer samtidig som læsesal for universitetets specialsamling af bøger. Montren forbinder samtidig det offentlige rum i stueetagen med kælderetagens store magasiner. En stor organisk åbning i hver etage skaber en kontinuerlig visuel forbindelse hele vejen igennem bygningen. Dette atrium er bygningens centrale rum. I kontrast til eksteriørets ortogonale geometri giver den krumme åbning interiøret et mere organisk udtryk og skaber samtidig rum for de tilstødende studieområder.

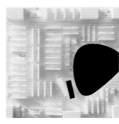

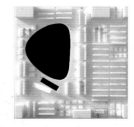

Plan, 1.-8. sal | Plan, first to eighth floor

ABERDEEN UNIVERSITETSBIBLIOTEK

ABERDEEN UNIVERSITY LIBRARY

Aberdeen University Library is designed as one large rectangular volume – a 10-storey tower standing out in the Aberdeen skyscape. Visual lightness and airiness in combination with its proportionality, materials palette and clean lines lend the building a timeless quality. The façade is designed to serve as a climate buffer, changing in response to specific qualities of light or images projected onto it. During the dark winter months it will be visible as a glowing landmark. A rare books showcase takes the form of a cube set in a double-height space on the ground floor, which also functions as a reading room for the university's special collections library. In addition, the showcase connects the public space on the ground floor with the vast stacks that lie in the basement. A large organic opening that cuts through the floors at every level creates continuous visual connections throughout the full height of the building. This atrium is the central hub of the building. In contrast to the orthogonal geometry of the exterior, the atrium's curvilinear opening lends the interior a more organic architectural expression while also creating spaces for adjacent study areas.

ADRESSE | ADDRESS:
Aberdeen University, Kings College, Scotland, UK

BYGHERRE | CLIENT:
Aberdeen Universitet | University of Aberdeen

ARKITEKT | ARCHITECT:
schmidt hammer lassen

INGENIØR | ENGINEER:
Ove Arup & Partners Ltd

ENTREPRENØR | TURNKEY CONTRACTOR:
Hoffman

SAMARBEJDSPARTNERE | COLLABORATORS:
Quantity Surveyors Davis Langdon LLP

STØRRELSE | SIZE:
20.000 m²

OPFØRELSE | CONSTRUCTION:
2005-2011

Konkurrence, 1. præmie | Competition, 1st prize

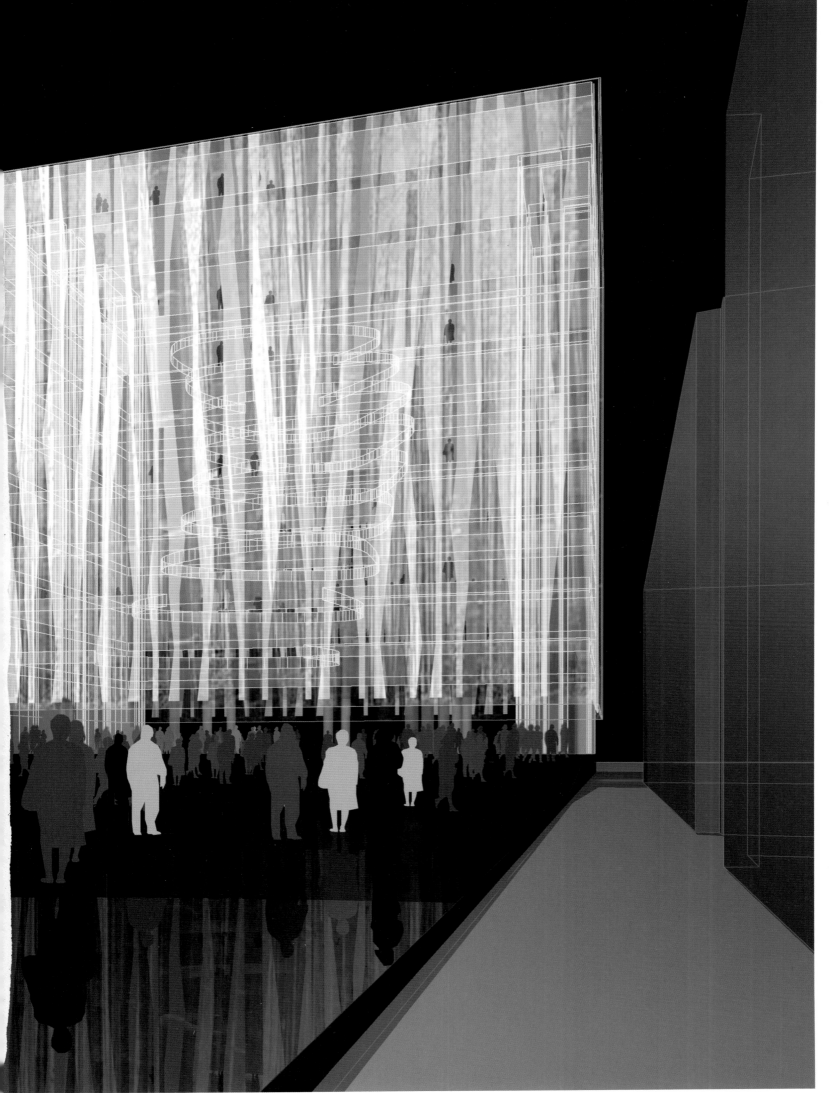

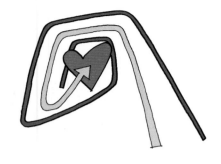

Ideen til at samle Skagen Kulturhus i en enkel, organisk spiralbevægelse opstod på basis af en steds-analyse. Bygningen udgør en skulpturel komposition, der samler husets aktiviteter. Bygningen fanger byens gulv og udgør dens "tætte" afslutning mod vest. Kompositionens dynamik og retningsløshed skaber en naturlig bevægelse imellem byens ydre omgivelser og dens indre rumlige forløb. Struktu-ren præsenterer en mærkbar variation af rum i og omkring bygningen i tillæg til det faktum, at bygnin-gen tillader dagslys på en enkel og effektiv måde. På den måde afgrænser bygningen sig selv som en rytmisk og dynamisk komposition, der inddrager omgivelserne. Den aluminiumbelagte facade synes let og reflekterer himlen og lyset fra omgivelserne. Bygningens spiralform afslutter med den rumme-lige hall som rotationscenter. En centralt placeret trappe giver adgang til musikskolen og administrati-onslokalerne på stueetagen. Der er særlig visuel kontakt imellem etagerne og deres rum, hvilket giver forskellige oplevelser, der fokuserer på alle de aktiviteter og det liv, der er i Kulturhuset.

KULTURHUS I SKAGEN
SKAGEN CULTURE CENTRE

Opstalt | Elevation

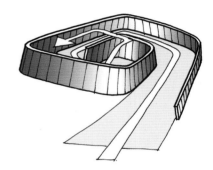

The idea of unifying the Culture Centre as a single, continuous organic spiral movement arose on the basis of an analysis of the location. The building constitutes a sculptural composition that gathers activities close to each other. The building captures the floor of the town and becomes its "dense" completion towards the west. The dynamic non-directional aspect of the composition creates a natural movement between the town's surrounding exterior and the building's internal spatial sequences. The structure engenders a considerable variety of spatiality in and around the building, in addition to the fact that the building gains access to daylight in a simple, effective manner. In this context, the building will delineate itself as a rhythmic, dynamic composition that embraces its surroundings. The aluminium-clad façades have a light appearance and reflect the sky and the light of its surroundings. The spiral form of the building terminates with the spacious hall as a centre of rotation. A centrally located staircase provides access to the music school and administration department on the first floor. Extensive visual contact between the floors and their rooms offers a varying experience with the focus on the activities and life of the Culture Centre.

ADRESSE | ADDRESS:
Skagen, DK

BYGHERRE | CLIENT:
Skagen Kommune | Skagen Municipality

ARKITEKT | ARCHITECT:
Friis & Moltke A/S

INGENIØR | ENGINEER:
Rambøll

STØRRELSE | SIZE:
3.000 m²

OPFØRELSE | CONSTRUCTION:
2007-

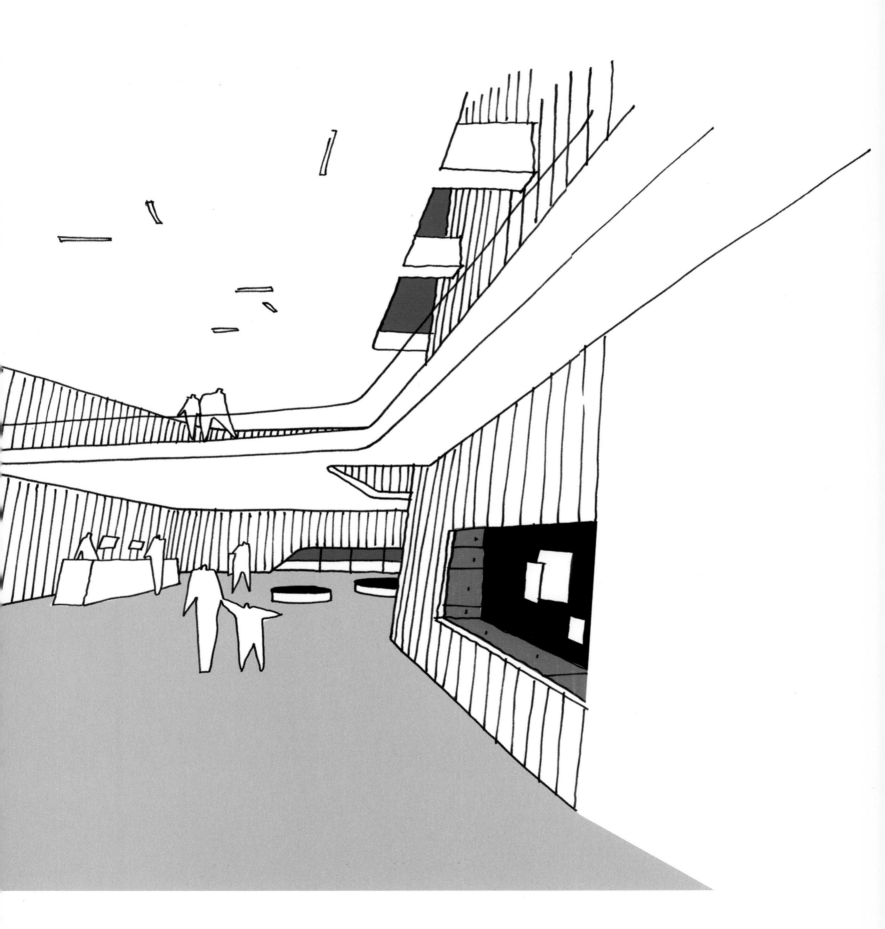

OFFENTLIGE INSTITUTIONER | PUBLIC INSTITUTIONS

Bygningen er bygget op omkring en lang central øst-vestgående gang, der forbinder alle bygningens funktioner. Samtidig adskilles de ceremonielle rum og modtagelse med følge på sydsiden af bygningen fra modtagelse uden følge og kølerum på nordsiden af bygningen. Alle funktioner mødes i ovnrummet, hvor langt det meste arbejde foregår, og som samtidig er bygningens største og lyseste rum med karakteristiske højtplacerede vinduer, der trækker øst- og vestlys ind på det kraftigt nedadhvælvede loft. Personalerum ligger bagest i bygningen med størst privathed og ro. Den arkitektoniske ro, der overalt er tilstræbt i projektet, er tæt forbundet med bygningens monolitiske udtryk. For at understrege tyngden og fremhæve de smukke kulbrændte teglsten er lodrette opslidsninger og karakteristiske tilbageryk i murværket et karaktergivende tema, der er med til at give rytme og variation i de langstrakte teglfacader.

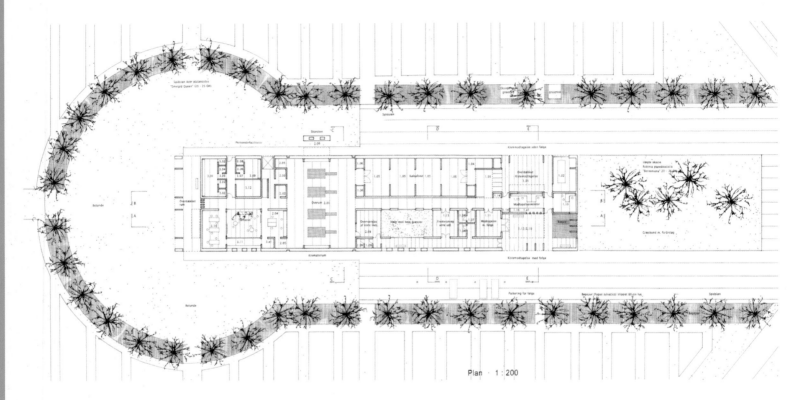

Plan · 1 : 200

Plan, stueetage | Plan, ground floor

BISPEBJERG KREMATORIUM
BISPEBJERG CREMATORIUM

This building surrounds a long, central, east-west corridor connecting all the functions of the building. At the same time, the ceremonial rooms and reception area for mourners on the south side of the building are kept separate from the reception area used when there are no mourners and the refrigerated facilities on the north side of the building. All these functions meet in the boiler room, which is where most of the work is done. This is also the largest, lightest room, complete with distinctive high windows drawing the light in to strike the ceiling which arches steeply downwards. The staff facilities are at the rear of the building, ensuring the greatest degree of privacy and peace. The sense of architectural calm that pervades all aspects of the project is closely connected to the monolithic design of the building. To underline the solidity of the building and to emphasise its beautiful charcoal-fired brickwork, vertical slits and characteristic recessed masonry provide a distinctive feature helping to provide both rhythm and variation in the long brickwork façades.

Længdesnit | Longitudinal section

ADRESSE | ADDRESS:
København | Copenhagen, DK

BYGHERRE | CLIENT:
Københavns Kirkegårde | Copenhagen Cemeteries

ARKITEKT | ARCHITECT:
Friis & Moltke A/S

LANDSKAB | LANDSCAPE:
Peter Sørensen ApS

RÅDGIVERE | CONSULTANTS:
Bay & Elkjær ApS

INGENIØR | ENGINEER:
Bascon A/S

ENTREPRENØR | TURNKEY CONTRACTOR:
Pihl & Søn A/S

STØRRELSE | SIZE:
1.480 m²

OPFØRELSE | CONSTRUCTION:
2003

Konkurrence, 1. præmie | Competition, 1st prize

Bygningen er overordnet disponeret som en vinkel eller et kors med kirken placeret i det syd-øst vendte hjørne og med kirkekontor og menighedsfaciliteter i fløjene mod henholdsvis øst og syd. Alle funktioner i kirkecenteret får således udsigt og nærhed til den omkringliggende natur. Kirkerummet er disponeret med en høj grad af fleksibilitet, der gør det muligt at anvende rummet som både central- og processionskirke. Ambitionen er at opnå en poetisk balance mellem menighedsrådets ønske om udstrakt fleksibilitet og kirkelig mangfoldighed og stedets fine landskabelige kvaliteter.

ADRESSE | ADDRESS:
Hinnerup, DK

BYGHERRE | CLIENT:
Menighedsrådet for Hinnerup-Haldum-Vitten sogne |
The parish council for the parishes of Hinnerup, Haldum and Vitten

ARKITEKT | ARCHITECT:
aart a/s, Nemesi Studio

LANDSKAB | LANDSCAPE:
aart a/s, Nemesi Studio

RÅDGIVERE | CONSULTANTS:
Bay & Elkjær ApS

INGENIØR | ENGINEER:
Moe og Brødsgaard A/S, Nemesi Studio

ENTREPRENØR | TURNKEY CONTRACTOR:
Pihl & Søn A/S

STØRRELSE | SIZE:
1.400 m2

OPFØRELSE | CONSTRUCTION:
2006-2008

Konkurrence, 1. præmie | Competition, 1st prize

Længdesnit B-B | Longitudinal section B-B

KIRKECENTER I HINNERUP
CHURCH CENTRE IN HINNERUP

Plan, stueetage | Plan ground floor

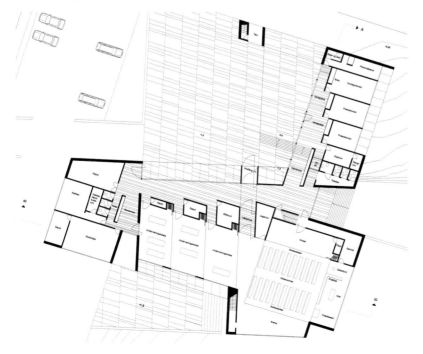

Generally, the building is laid out as an angle or a cross with the church situated at the corner turning south-east and with church office and congregational facilities in the wings facing east and south, respectively. Thus, all the functions of the church centre are permitted a view of and a nearness with the surrounding landscape. The church room is laid out with a high degree of flexibility, making it possible to use the room as both a central and a procession church. The ambition is to achieve a poetic balance between the parish council's desire for extensive flexibility and religious pluralism and the area's excellent landscape qualities.

Det samlede fængsel udgøres af otte separate klynger af bygninger, der som perler på en snor knytter sig til det interne vejanlæg. De enkelte bygninger ligger placeret omkring en naturlig lavning i landskabet og drager fordel af udsigten til fængslets indre gårdarealer og grønne områder. Flere steder har man udsigt til det store omkringliggende landskab, der kan ses over fængslets seks meter høje og halvanden kilometer lange betonmur, der i et organisk forløb rundt om det samlede anlæg ligeledes underordner sig landskabets bevægelser. Det har været et mål at nedtone anlæggets institutionelle præg og skabe rammer, der understøtter intentionerne om, at opholdet er rettet mod en efterfølgende tilværelse uden for murene. Bygningernes spredte placering i terrænet imødekommer samtidig et krav om sektionering, udeophold og adspredelsesmuligheder for de indsatte.

ADRESSE | ADDRESS:
Horsens, DK

BYGHERRE | CLIENT:
Justitsministeriet, Direktoratet for Kriminalforsorgen |
Danish Ministry of Justice, Danish Prison and Probation Service

ARKITEKT | ARCHITECT:
Friis & Moltke A/S

LANDSKAB | LANDSCAPE:
Egebjerg By & Landskab

RÅDGIVERE | CONSULTANTS:
Alex Poulsens Tegnestue

INGENIØR | ENGINEER:
COWI, Norconsult AS

STØRRELSE | SIZE:
28.500 m²

OPFØRELSE | CONSTRUCTION:
2006

Konkurrence, 1. præmie | Competition, 1st prize

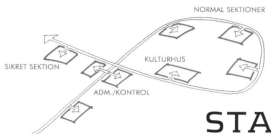

NORMAL SEKTIONER

KULTURHUS

SIKRET SEKTION

ADM./KONTROL

FORBINDELSESVEJ "SLØJFEN"

Koncepttegning | Conceptual sketch

STATSFÆNGSLET ØSTJYLLAND
STATE PRISON ØSTJYLLAND

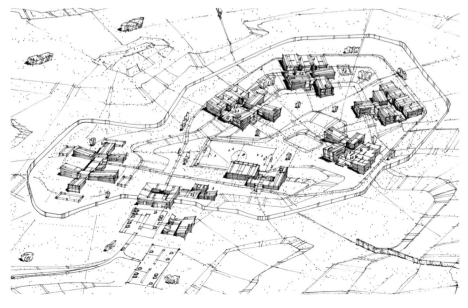

The prison contains eight separate building clusters, linked to the internal road network like pearls on a string. Each building surrounds a natural dip in the ground, benefiting from the view of the inner courtyards and gardens of the prison. There are views of the surrounding landscape at a number of points, visible above the six-metre-high concrete wall which runs for 1½ kilometres around the prison complex – an organic feature reflecting transitions in the landscape. One of the aims was to reduce the institutional image of the complex, and to create a framework supporting the intentions of the prison: time spent here is intended to prepare the inmates for life outside the walls afterwards. The buildings are also spread out – several different prison sections were required, as well as outside activities and recreational options for the inmates.

Udgangspunktet var at skabe en ideel og værdig ramme om arbejdet med at bevare og udvikle samisk kultur, sprog, uddannelse, tradition og erhverv. Sametinget er et robust koncept, som gennem enkle midler udnytter pladsens kvaliteter, rumprogrammets kompleksitet og programmets ønske om et arkitektonisk markant symbolbyggeri. Bygningen er et ikon for samisk identitet og bygger på værdighed, indleven i kultur og tradition og rækker samtidigt ud over traditionelle begrænsninger. Blandt 111 forslag fra hele EU gik aart videre i konkurrencen sammen med fem andre arkitektfirmaer.

SAMETINGET
THE SAMI PARLIAMENT

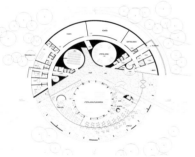

Plan, stueetage | Plan, ground floor

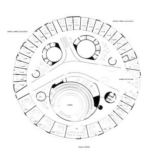

Plan, 1. sal | Plan, first floor

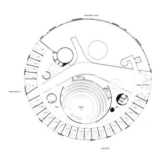

Plan, 2. sal | Plan, second floor

The point of departure was to create an ideal and dignified framework for the efforts to preserve and develop Sami culture, language, education, tradition and industry. The Sami parliament is a robust concept, utilizing through simple means the qualities of the site, the complexity of the spatial programme, and the programme's desire for an architectonically distinctive work of symbolic value. The building is an icon for Sami identity and banks on dignity, understanding of culture and tradition, while at the same time reaching beyond traditional limitations. Among 111 proposals from all over the EU, aart was short-listed along with five other architects practices.

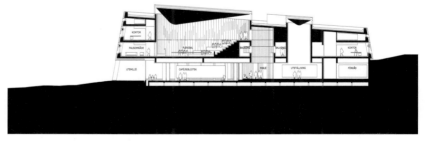

Snit A | Section A

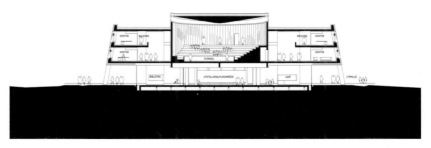

Snit B | Section B

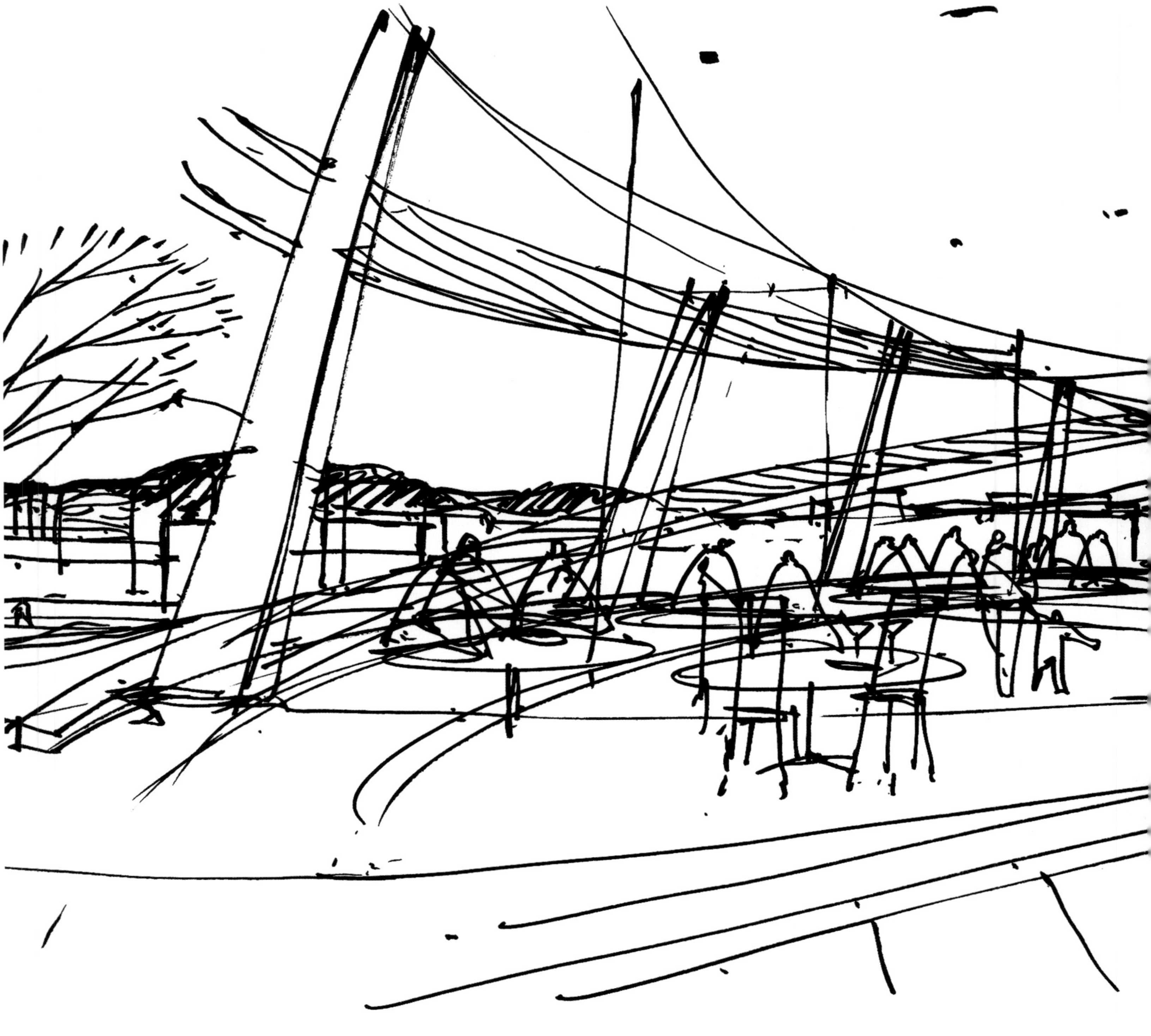

ADRESSE | ADDRESS:
Kiruna, SE

BYGHERRE | CLIENT:
Den Svenske Stat | Swedish State

ARKITEKT | ARCHITECT:
aart a/s

STØRRELSE | SIZE:
4.400 m2

Konkurrenceprojekt | Competition project

>>>

KONCERTHUSE | CONCERT HALLS

3XN vandt i 1997 den internationale konkurrence om Amsterdams nye Musikhus, som får en ekspo-neret beliggenhed som vartegn yderst på en pier mod fjorden Ij, fem minutters gang fra den centrale kanal-bydel. I takt med at man kommer nærmere, brydes bygningens skala gradvist ned til menneske-lige proportioner. Bygningen er tænkt som et enormt trappeanlæg, som rækker ned mod vandet fra et løftet niveau, fælles for alle bygninger på pieren. Over trappeanlægget findes to koncertsale; det svævende BIMhuis for jazz og improviseret musik, og den tunge Ijsbreker for moderne musik, som skærer sig ind i trapperne. Et stort offentligt rum glider ud og ind mellem de faste elementer. Alle dele samles af et vinkelformet element; bagest et kontorafsnit til alle de tilknyttede organisationer, bibliotek og en børne-musiklegeplads, og øverst en tynd tagskive, som rager frem og skaber ly for en stor forplads med udeservering fra cafeen i stueetagen. Ensemblet er tænkt som en "bypark" med rigt varierede rum for et stort og forskelligartet offentligt liv – et sted for alle.

MUSIKHUSET VED IJ
MUSIC BUILDING BY THE IJ

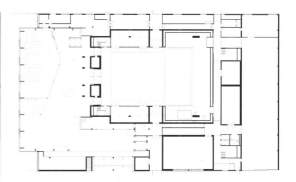

Plan, stueetage | Plan, ground floor

3XN won the international architectural competition for the new Music Building in Amsterdam; 'Het Muziekgebouw'; in 1997. The building is a landmark at the head of a pier facing the fjord Ij, a 5 minutes walk from the inner canal city. At close range, the building dissolves into smaller elements, breaking down scale into human proportions. The building is conceived as a huge set of stairs, stepping down to the water from an elevated common level for all buildings at the pier. On top of these are two volumes; two concert halls; the BIMhuis for jazz and improvised music, hovering over the plinth, and the heavy Ijsbreker for modern music, cutting into the stairs. A large public space, open to all, is found in between. The elements are assembled by an angular element; to the back an office building for all associated organisations and children's music-playground, on top a protruding thin roof that covers the open air plaza in front of the building, served by the café at ground floor. The complex is to be conceived as an urban park with a rich variety in public life – A place for everyone.

ADRESSE | ADDRESS:
Amsterdam, NL

BYGHERRE | CLIENT:
Gemeente Amsterdam

ARKITEKT | ARCHITECT:
3XN

INGENIØR | ENGINEER:
ABT

ENTREPRENØR | TURNKEY CONTRACTOR:
BAM BV

STØRRELSE | SIZE:
18.000 m²

OPFØRELSE | CONSTRUCTION:
2005

Konkurrence, 1. præmie | Competition, 1st prize

Operaen er placeret på en separat ø i Københavns centrale havneområde. På afstand kan et gyldent ahornbeklædt auditorium ses gennem foyerens facade. Det spektakulære flydende udhængende tag er operaens samlende element sammen med bygningens lette frontfacade, der indeholder foyeren og auditoriet samt bygningen bag scenen med workshopfaciliteter, omklædningsrum, kostumeværksteder, administrationskontorer, et studio med 200 siddepladser samt øvelokaler for sangere, kor, orkester og ballet. Hovedauditoriet har plads til mellem 1400 og 1700 gæster afhængig af størrelsen på den fleksible orkestergrav. Facaderne er i glas og Jura Gelb og materialerne i auditoriet er gylden og mørkbejdset ahorn, eg og guldblade.

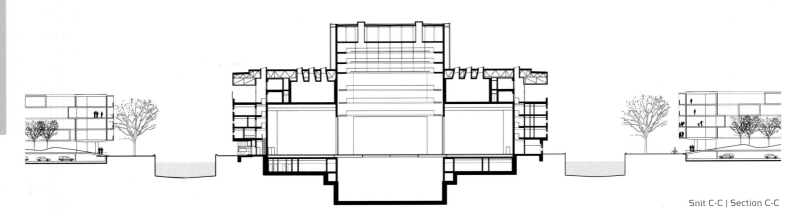

Snit C-C | Section C-C

ADRESSE | ADDRESS:

København | Copenhagen, DK

BYGHERRE | CLIENT:

A.P. Møller & Chastine Mc-Kinney Møllers Fond | A.P. Møller & Chastine Mc-Kinney Møller Foundation

ARKITEKT | ARCHITECT:

Henning Larsens Tegnestue A/S | Henning Larsen Architects A/S

LYSARKITEKT | LIGHTING ARCHITECT:

Speirs and Major Associates

RÅDGIVERE | CONSULTANTS:

Theatreplan LLP, Arup Acoustics

INGENIØR | ENGINEER:

Rambøll Danmark A/S, Buro Happold

LANDSKAB | LANDSCAPE:

Schønherr Landscape

ENTREPRENØR | TURNKEY CONTRACTOR:

E. Pihl & Son

STØRRELSE | SIZE:

18.000 m²

OPFØRELSE | CONSTRUCTION:

2001-2004

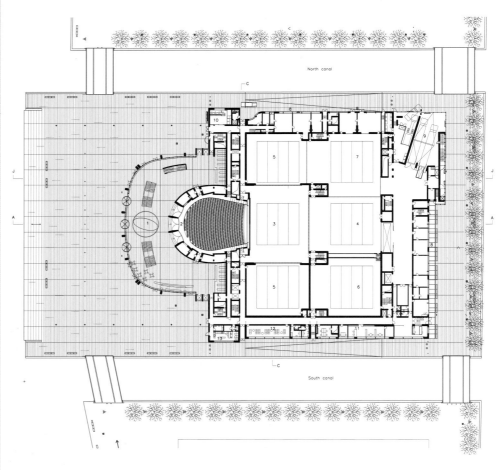

Plan, stueetage | Plan, ground floor

OPERAEN
THE OPERA

The Opera is located on a separate island in the harbour of Copenhagen. From a distance you can see the golden maple-panelled auditorium shell through the foyer façade. The spectacular floating cantilevered roof is the unifying element of the Opera with the light front of house building comprising the foyer and the auditorium and the backstage building with workshop facilities, dressing rooms, costume shops, administration offices, and a studio stage seating 200 guests and rehearsal facilities for singers, choir, soloists, orchestra and ballet. The main auditorium holds from 1.400 to 1.700 guests depending on the size of the flexible orchestra pit. The façades are in glass and Jura Gelb and the auditorium materials are golden and dark stained maple, smoked oak and gold leaf.

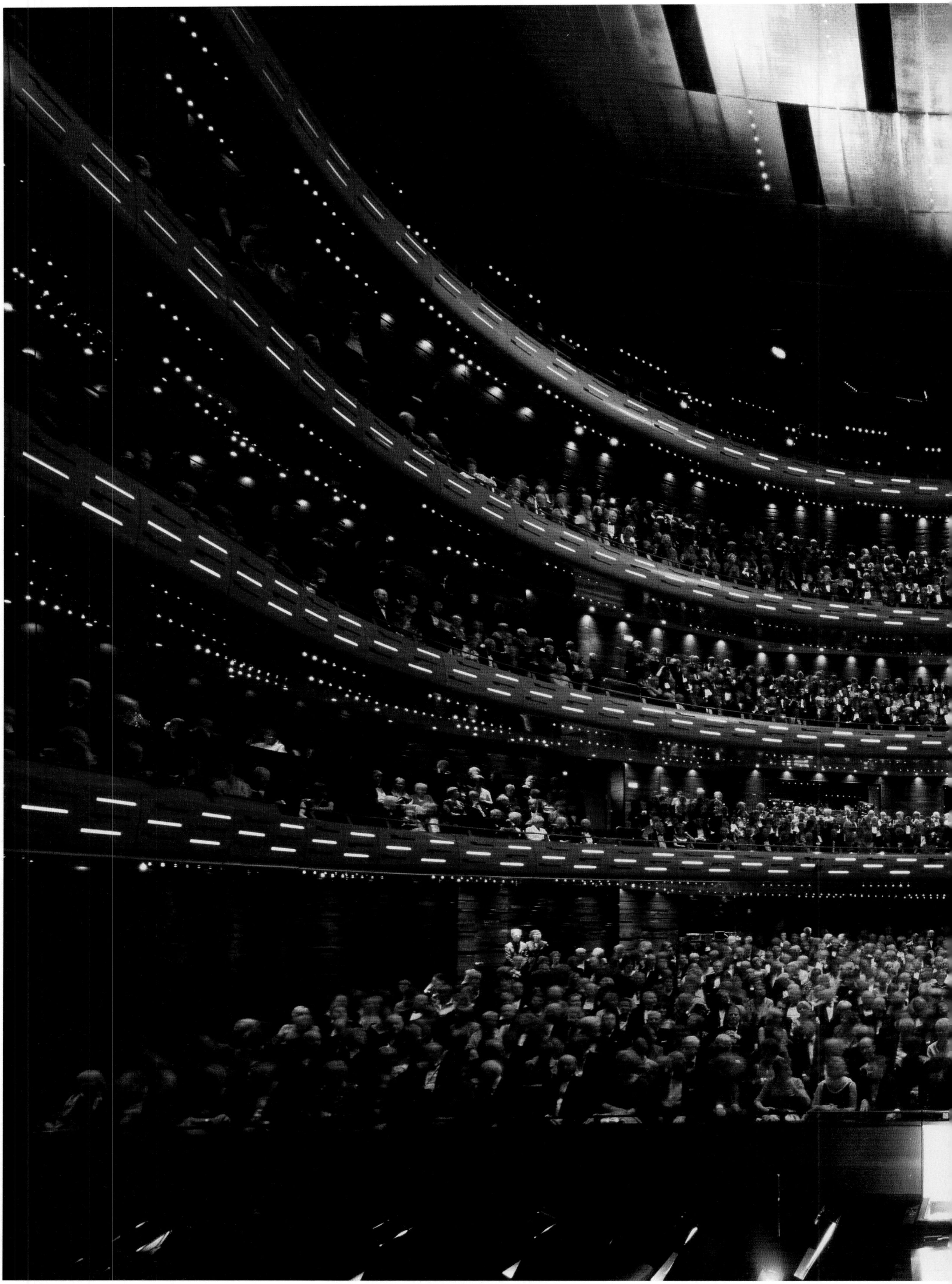

Inspirationen til projektet kommer fra det nordiske lys og den dramatiske islandske natur. Olafur Eliasson har sammen med Henning Larsens Tegnestue designet bygningens facade – et krystallinsk gitter af glas og stål. Facadens glasprismer fanger og reflekterer himlen og havnerummet samt byens pulserende liv. Koncert- og kongrescentret danner en del af en stor masterplan for Reykjaviks havneområde, der udvider byen med 85.000 kvadratmeter mod øst. Udover koncert- og konferencecentret indeholder planen et stort 5-stjernet hotel og wellnesscenter, en bank, en biograf, en ny urban plaza, forretningsgader samt boliger.

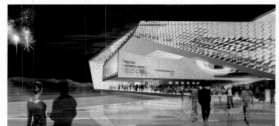

ADRESSE | ADDRESS:
Reykjavik, IS

BYGHERRE | CLIENT:
East Harbour Project

DRIFTSHERRE | INVESTOR:
Portus Group

ARKITEKT | ARCHITECT:
Henning Larsens Tegnestue A/S | Henning Larsen Architects A/S (DK) & Batteriid Arkitektar (IS)

LANDSKAB | LANDSCAPE:
Lisbeth Westergaard (DK)

INGENIØR | ENGINEER:
Eafhönnún (IS), Hnit (IS), Rambøll (DK)

ENTREPRENØR | TURNKEY CONTRACTOR:
IPC (IS)

STØRRELSE | SIZE:
23.000 m²

OPFØRELSE | CONSTRUCTION:
2006-2009

KONCERTHUS REYKJAVIK
THE ICELANDIC NATIONAL CONCERT AND CONFERENCE CENTRE

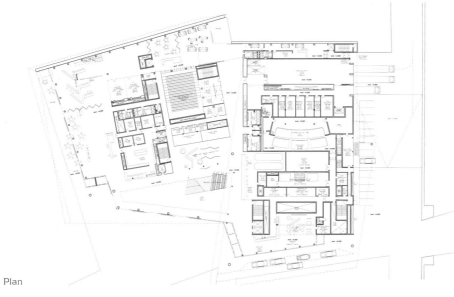

Plan

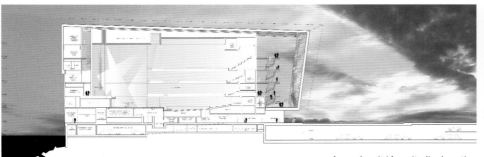

Længdesnit | Longitudinal section

The project gathers inspiration from the northern light and the dramatic Icelandic nature. Together with Henning Larsen Architects, Olafur Eliasson has designed the façades of the building – a crystalline lattice of glass and steel. The glass prisms of the façades capture and reflect the sky and the harbour space as well as the vibrant life of the city. The Concert and Conference Centre forms part of a large master plan for the harbour area of Reykjavik expanding the city centre with 85.000 m². Besides the Concert and Conference Centre, the plan comprises a big five-star hotel and wellness centre, a bank domicile, a cinema, a new urban plaza and shopping street as well as a number of residential and commercial buildings.

Vand plaza – placeret på grænsen mellem by og hav |
Water Plaza – placed on the boundary between city
and ocean.

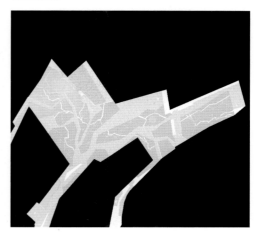

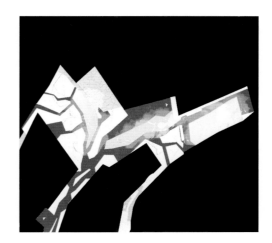

Snit | Section

> > >

MUSEER |
MUSEUMS

ARoS Aarhus Kunstmuseum står som en skarptskåret rød murstenskube, kompakt gravet halvt ned i det grønne, skrånende terræn. Alle museets funktioner er indeholdt i dette ti etager høje volumen. Kuben gennemskæres af et 35 meter dybt, kurvet snit, der opdeler museet i en museumsgade og to fløje: Udstillingsfløjen med de mange gallerier og servicefløjen med restaurant, administration, kon- servering, værksteder, magasiner og bibliotek. I den indre gade fører en stor cirkulær trappe – sam- men med gallerigangene langs det kurvede snit – frem til udstillingsrum, restaurant og tagterrasse. Gangbroer på tværs forbinder de to dele af bygningen. Adgangen til museet sker via lange ramper fra Vester Allé og fra pladsen ved siden af Musikhuset, der lander på en organisk formet flade i foyeren. Den røde kube med det hvide indre, er et af Nordeuropas største kunstmuseer.

ARoS AARHUS KUNSTMUSEUM

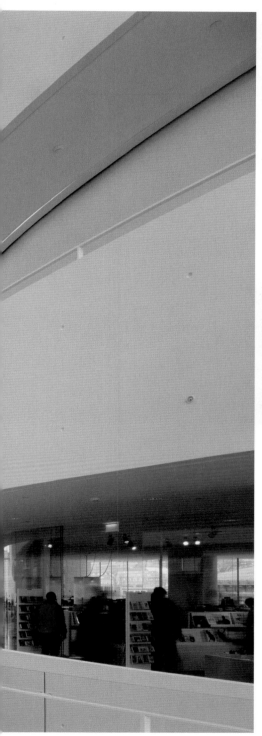

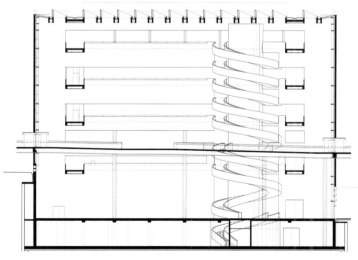

Længdesnit | Longitudinal section

ARoS – the new art museum in Aarhus – presents the image of a sharply-defined red brick cube, solidly ensconced and semi-submerged in the green, sloping site. The totality of the museum's functions is contained in this ten-storey high volume. The cube is bisected by a 35 metre deep, curving crevasse dividing the museum into a museum street and two wings: the exhibition wing, home to a host of galleries, and the service wing, which incorporates a restaurant, administrative offices, the conservation centre, workshops, the archive and a library. In conjunction with the gallery walkways that line the curving crevasse, an extended circular staircase leads up from the interior street into the exhibition spaces, the restaurant and the roof terrace, while the two sides of the building are connected by transverse walkways. The museum is accessed from Vester Allé and from the plaza adjacent to the Concert Hall Aarhus via long ramps which touch down on an organically shaped surface in the foyer. The red cube with the white interior set on a green sward is one of the largest art museums in Europe.

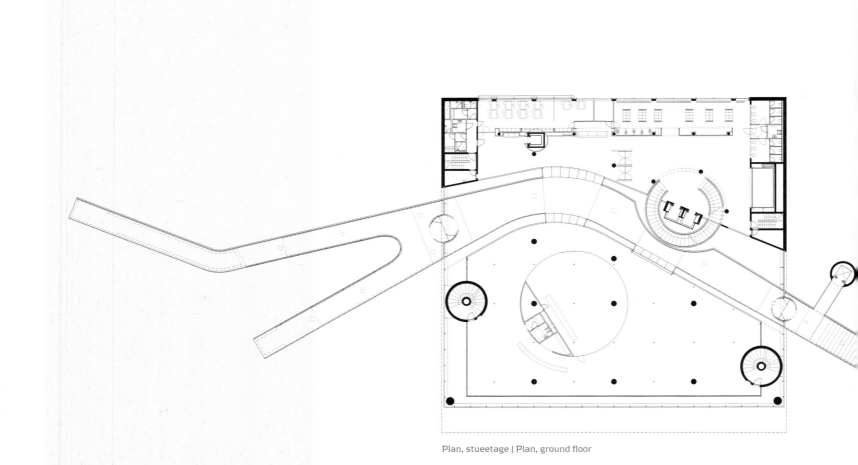

Plan, stueetage | Plan, ground floor

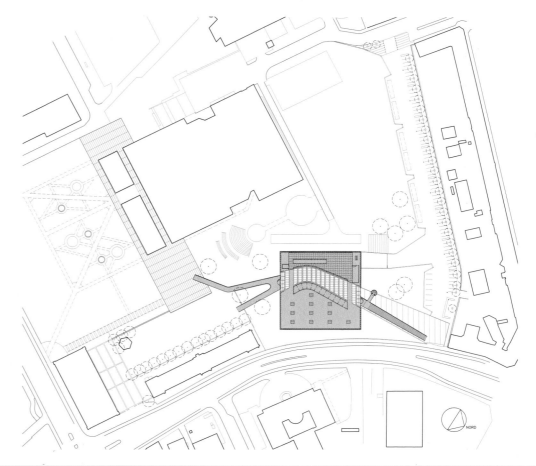

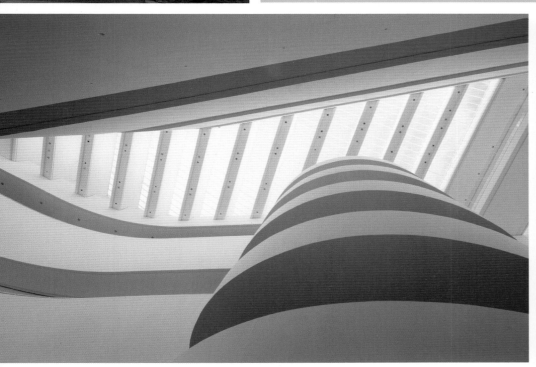

ADRESSE | ADDRESS:
Aarhus, DK

BYGHERRE | CLIENT:
Aarhus Kommune | Aarhus Municipality

ARKITEKT | ARCHITECT:
schmidt hammer lassen

AKUSTIK | ACOUSTICS:
JORDAN Acoustics

INGENIØR | ENGINEER:
NIRAS

STØRRELSE | SIZE:
17.800 m²

OPFØRELSE | CONSTRUCTION:
2001-2003

Konkurrence, 1. præmie | Competition, 1st prize

Darwin Centre Phase Two er en udvidelse af det berømte Natural History Museum i London. Tilbygningen er udformet som en kæmpe kokon i et glasskrin. Når udvidelsen åbner i 2009 vil museumsgæsterne kunne gå på opdagelse inde i kokonen, der både skal indeholde museets enestående samling af 28 millioner insekter og 3 millioner planter samt arbejdende laboratorier for 250 forskere fra hele verden. Arkitektfirmaet C. F. Møller blev udvalgt til opgaven blandt 59 internationale arkitektfirmaer i en konkurrence i 2001.

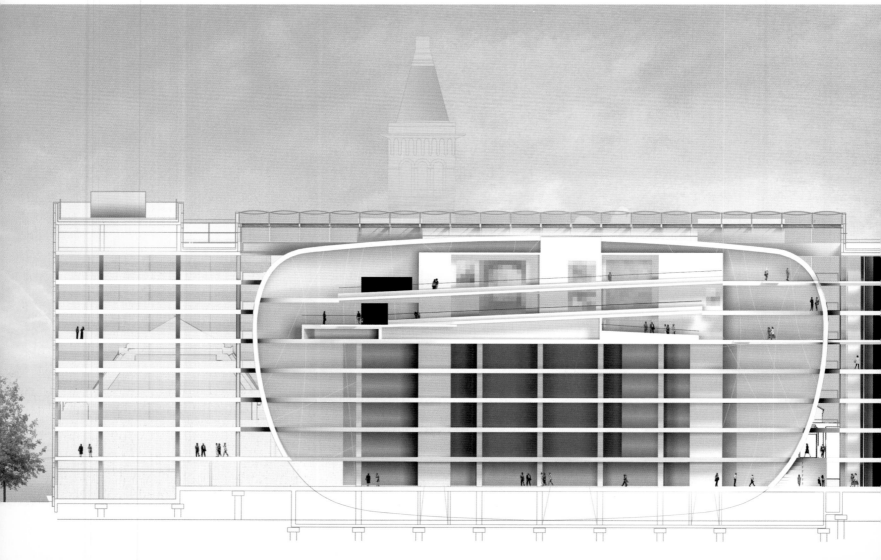

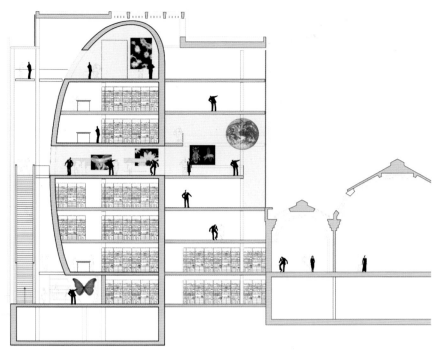

Tværsnit | Cross section

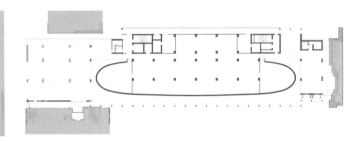

Plan, niveau 4 | Plan, fourth floor

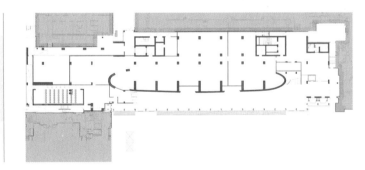

Plan, stueetage | Plan, ground floor

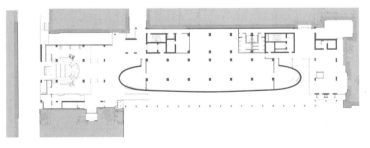

Plan, indgang | Plan, principal floor

Darwin Centre Phase Two is an extension of the famous Natural History Museum in London, taking the form of an enormous cocoon in a glass covering. Museum guests will be able to explore the interior of the cocoon when the extension opens in 2009. The cocoon will house the museum's unique collection of 28 million insects and 3 million plants, as well as working laboratories for 250 scientists from all over the world. C. F. Møller Architects was chosen for the commission in 2001, in competition with 59 other international architectural firms.

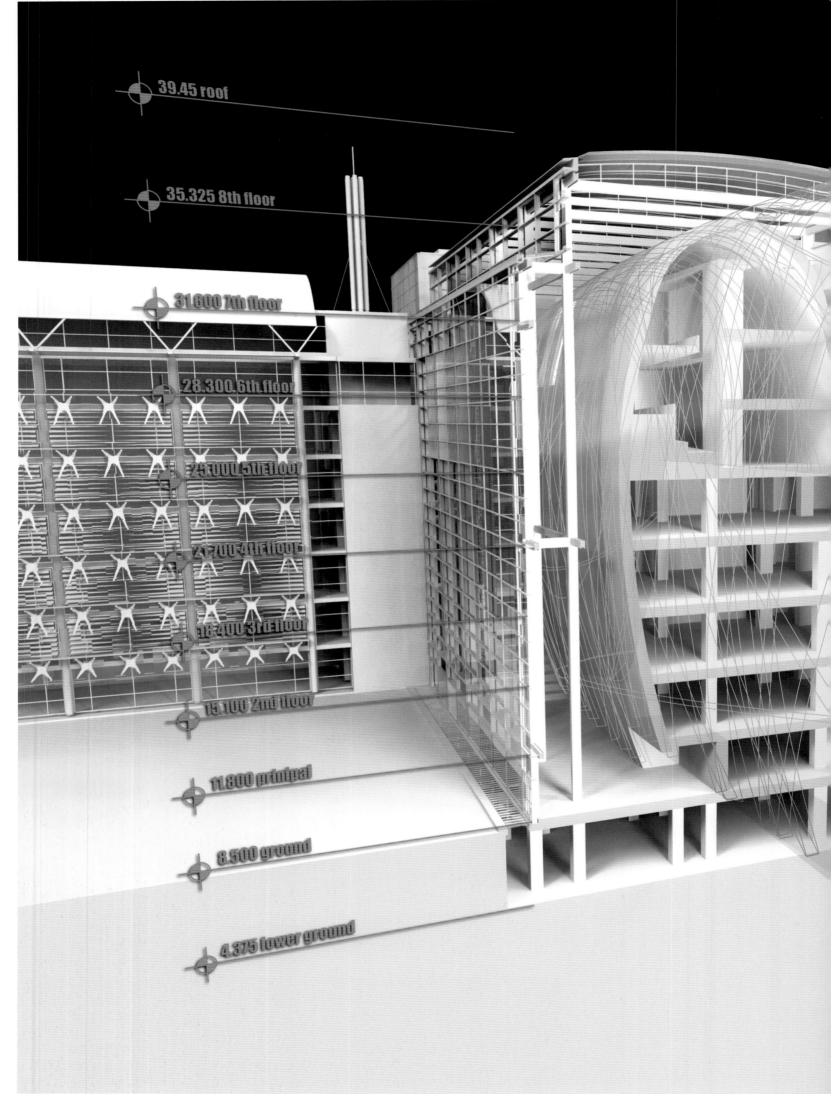

39.45 roof

35.325 8th floor

31.000 7th floor

28.300 6th floor

25.000 5th floor

21.700 4th floor

18.400 3rd floor

15.100 2nd floor

11.800 principal

8.500 ground

4.375 lower ground

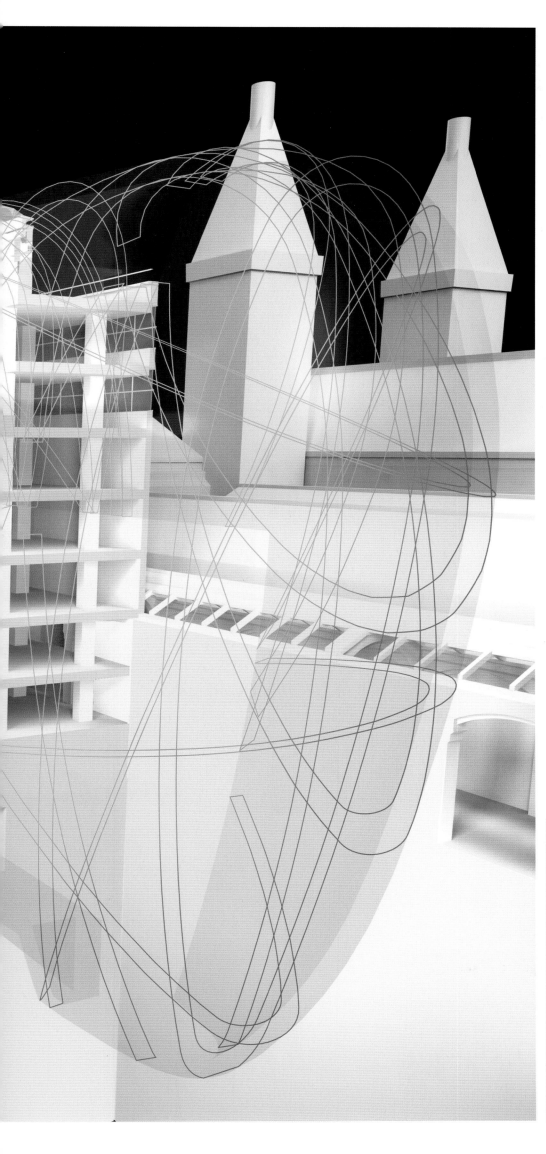

ADRESSE | ADDRESS:
London, UK

BYGHERRE | CLIENT:
The Natural History Museum

ARKITEKT | ARCHITECT:
Arkitektfirmaet C. F. Møller | C. F. Møller Architects

STØRRELSE | SIZE:
19.500 m²

OPFØRELSE | CONSTRUCTION:
2002-2009

Konkurrence, 1.præmie | Competition, 1st prize

Det nye britiske nationalmuseum; Museum of Liverpool, etableres som en dynamisk, åben og demokratisk struktur, der vokser ud af placeringen langs floden Mersey i respons til den historiske kontekst: Museum of Liverpool skal bygges på Liverpools Waterfront, en af byens mest prominente grunde ved siden af 'the Three Graces'; the Royal Liver Building, the Cunard Building og Harbour Board. Grunden er en del af de dokarealer, som i 2004 blev optaget på UNESCO's liste over Verdenskulturarven. Bygningen er skabt som vippede eller løftede niveauer, der gradvist former en skulpturel struktur. Den vil blive fuldt tilgængelig, og vil blive et tilskud til det store flow af fodgængere langs vandet frem for at blokere dette. Museet vil her på the Pier Head blive synligt fra både byen og floden. Museum of Liverpool bliver verdens førende byhistoriske museum, med fokus på social- og populærkultur, og vil betragte England og verden fra Liverpools synsvinkel. Liverpool er udnævnt til Europæisk Kulturby 2008. Her skal det nye Museum of Liverpool spille en nøglerolle. På den baggrund skal første fase af museet indvies oktober 2008. Efter kulturby-året færdiggøres museets udstillinger og oplevelsesscenarier i løbet af 2009.

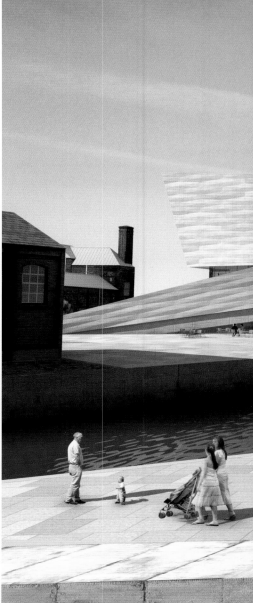

LIVERPOOL MUSEUM
MUSEUM OF LIVERPOOL

The new British national museum; the Museum of Liverpool, will establish a dynamic, open and accessible structure that grows out of its riverside site, responding to its historical urban context: The Museum is to be built at the Liverpool Waterfront, one of the city's most prominent sites, located next to The Three Graces of the Royal Liver Building, the Cunard Building and Harbour Board. The site falls within the Liverpool's World Heritage Site, inscribed by UNESCO in 2004. The building is conceived as inclined or elevated platforms, gradually forming a sculptural structure. It will be fully accessible and will contribute to the pedestrian flows along the waterfront instead of blocking them. Situated next to the Pier Head, the Museum will be visible from both the river and the city. The Museum of Liverpool will become the world's leading city history museum, showcasing social history and popular culture, and will look at Britain and the world through the eyes of Liverpool. Liverpool becomes European Capital of Culture in 2008. It is with this impetus that the construction of the building will be complete in 2008 and will thereby become a key attraction of the celebration year. Final completion of the museum with the fitting out of the exhibition spaces and experience theatres will be in 2009.

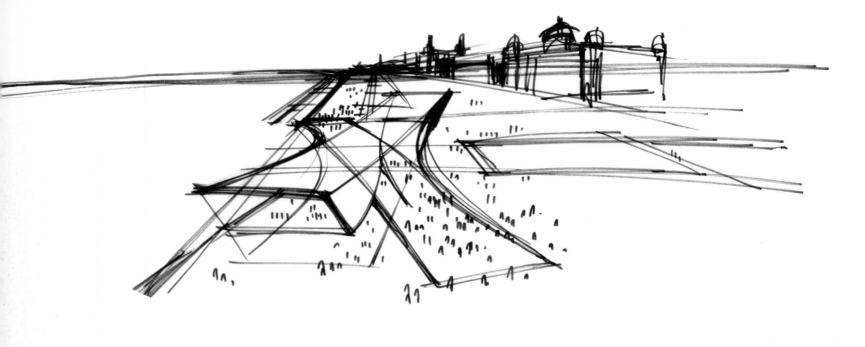

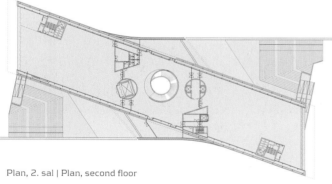

Plan, 2. sal | Plan, second floor

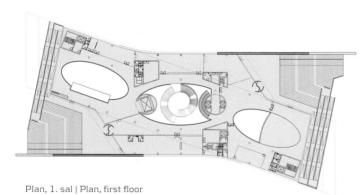

Plan, 1. sal | Plan, first floor

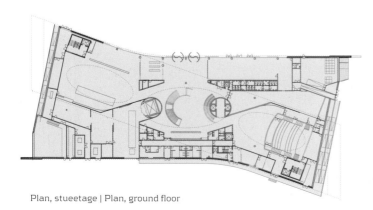

Plan, stueetage | Plan, ground floor

ADRESSE | ADDRESS:
Liverpool, UK

BYGHERRE | CLIENT:
National Museums Liverpool, UK

ARKITEKT | ARCHITECT:
3XN

INGENIØR | ENGINEER:
Buro Happold

UDSTILLINGSDESIGNER | EXHIBITION DESIGNERS:
BRC Imagination Arts

LOKALPLANSRÅDGIVERE | PLANNING CONSULTANTS:
Drivers Jonas

BYGGEBEREGNERE| QUANTITY SURVEYORS:
Walfords

BYGHERRERÅDGIVERE | PROJECT MANAGERS:
Osprey Mott MacDonald

STØRRELSE | SIZE:
12.500 m²

OPFØRELSE | CONSTRUCTION:
2005-2010

Konkurrence, 1. præmie | Competition, 1st prize

NATURAMA

Den nye udstillingsbygning i tre plan rummes principielt i ét rum og giver mulighed for panoramiske oplevelsessituationer. Der opereres efter et naturligt princip med tre gennemskårne, vandrette planer, der disponeres langs en lodret akse. Nederst vand, i midten jord og øverst luft. Centralt på hvert plan iscenesættes en fælles oplevelse – mod periferien vokser muligheden for individuel fordybelse. Museet giver naturhistorien nye formidlingsrammer ved brug af teatrets og filmens virkemidler, og de besøgende bliver i høj grad selv en del af udstillingens sansepirrende helhedsoplevelse.

ADRESSE | ADDRESS:
Svendborg, DK

BYGHERRE | CLIENT:
Svendborg Kommune, Svendborg Zoologiske Museum |
Svendborg Municipality, Svendborg zoological Museum

ARKITEKT | ARCHITECT:
Arkitema

LANDSKAB | LANDSCAPE:
Arkitema

RÅDGIVERE | CONSULTANTS:
Niras

INGENIØR | ENGINEER:
Birch & Krogboe

ENTREPRENØR | TURNKEY CONTRACTOR:
J&B Entreprise

STØRRELSE | SIZE:
3.000 m²

OPFØRELSE | CONSTRUCTION:
2004

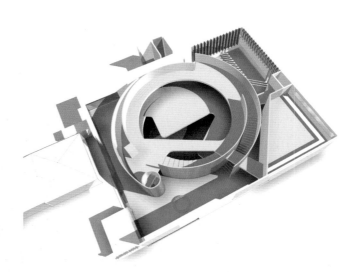

The new three-storey exhibition hall is in principle contained within a single space which provides an opportunity for panoramic experiences. A natural organisational principle is employed, with three cutaway horizontal planes arranged along a vertical axis: water at the bottom, earth in the middle, and air at the top. Common experiences are presented at the centre of each level, while the periphery offers possibilities for individual study. Using instruments drawn from the world of theatre and film, the museum brings new forms of teaching to natural history, and visitors become very much part of the exhibition's total sensory experience.

HOSPITALER | HOSPITALS

Nye Ahus Universitetssygehus i Oslo er det største i en række af nye hospitalsbyggerier i Norge. Opførelsen gik i gang i foråret 2004, og sygehuset bliver et af Europas mest moderne, når det står færdigt i 2008. Arkitekturen er styret af en stærk vilje til at sætte patienten i centrum – at skabe et venligt, uformelt sted med åbne og overskuelige omgivelser, der kommer patienter og pårørende i møde.

ADRESSE | ADDRESS:
Oslo, NO

BYGHERRE | CLIENT:
Helseregion Øst, NO

ARKITEKT | ARCHITECT:
Akitektfirmaet C. F. Møller | C. F. Møller Architects

LANDSKAB | LANDSCAPE:
Schønherr Landskab

SAMARBEJDSPARTNERE | COLLABORATORS:
Multiconsult AS, Partnership Statkraft Grøner/Theorells
Partnership Hjellnes COWI/InterConsult Group

STØRRELSE | SIZE:
135.000 m² (110.000 m² nybygget | newbuild)

OPFØRELSE | CONSTRUCTION:
2002-2008

Konkurrence, 1. præmie | Competition, 1st prize

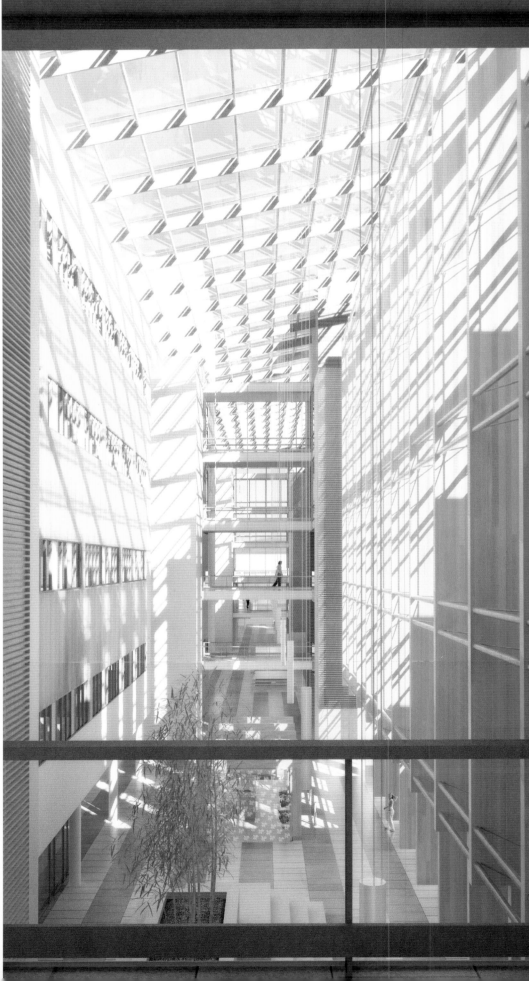

NYE AHUS, UNIVERSITETSSYGEHUS
NEW AHUS, UNIVERSITY HOSPITAL

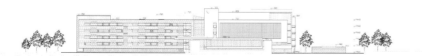

Opstalt | Elevation

Opstalt | Elevation

Nye Ahus, University Hospital in Oslo is the largest in a series of new hospitals in Norway. Construction began in the spring of 2004; when completed in 2008, the hospital will be one of the most modern in Europe. The architecture is informed by a strong desire to put patients first – to create a friendly, informal place with open and clear surroundings which patients and their visitors will find welcoming.

UNIVERSITETSSYGEHUSET MAS | MALMÖ UNIVERSITY HOSPITAL

Den runde Akut- og Infektionsklinik på Universitetssygehuset MAS i Malmø er indrettet til at beskytte bedst muligt mod smittespredning, og den markante form bliver sygehusområdets nye vartegn. Patienterne kommer ind på isolationsstuen gennem en sluse fra altanen, som omslutter hele bygningen. Der er ydre elevatorer udelukkende til de inficerede patienter og affaldstransporten, og indre elevatorer til personaletransporter og forsyning med rent materiale. Hver etage kan lukkes af i mindre enheder ved en epidemi.

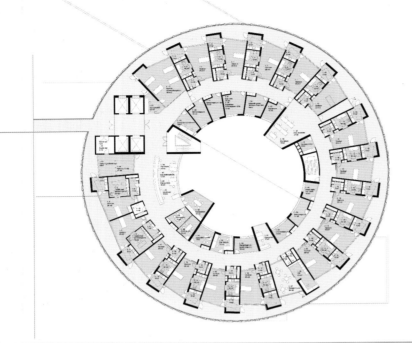

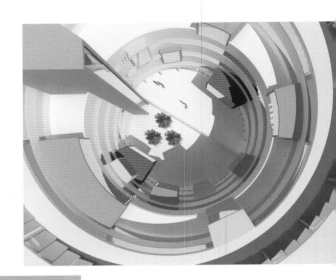

ADRESSE | ADDRESS:
Malmø, SE

BYGHERRE | CLIENT:
RegionFastigheter Södra Skåne

ARKITEKT | ARCHITECT:
Arkitektfirmaet C. F. Møller | C. F. Møller Architects

STØRRELSE | SIZE:
18.000 m² nybygget | newbuild
4.000 m² ombygget | rebuild

OPFØRELSE | CONSTRUCTION:
2006-2011

Konkurrence, 1. præmie | Competition, 1st prize

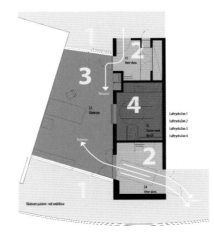

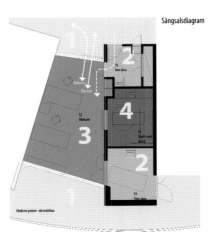

Sängsalsdiagram

AKUT- OG INFEKTIONSKLINIK, UNIVERSITETSSYGEHUSET MAS

EMERGENCY AND INFECTIOUS DISEASES UNIT, MALMÖ UNIVERSITY HOSPITAL

The cylindrical emergency and infectious diseases unit at Malmö University Hospital in Sweden is designed to minimize the risk of spreading diseases. The distinctive shape also provides a new landmark for the hospital complex. Patients enter the isolation ward via an airlock from the walkway that surrounds the entire building. The exterior lifts are used exclusively by patients of the infectious diseases unit and for hospital waste, while the interior lifts are used to transport staff, supplies and clean materials. Each storey can be divided into sealed-off smaller units in the event of an epidemic.

>>>

KONTORBYGGERI | OFFICE BLOCKS

Arkitemas eget hus ligger midt i Århus og er en nyfortolkning af den klassiske byejendom. Indvendigt forbinder et trippelhøjt atrium huset vertikalt. Atriet er placeret centralt i den dybe bygningskrop og gennem dets glastag, udformet som rytterlys, strømmer lyset ned i husets midte. Udformningen af huset understøtter tegnestuens projektorienterede arbejdsform og netværksbaserede videnkultur og afspejler samtidig firmaets værdier om åbenhed og rummelighed.

ARKITEMA-HUSET
THE ARKITEMA BUILDING

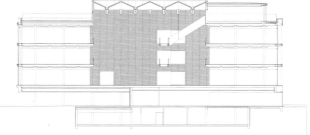

Tværsnit | Cross section

Plan, 3. sal | Plan, third floor

Plan, 2. sal | Plan, second floor

Plan, 1. sal | Plan, first floor

The office of Arkitema is placed in the center of Aarhus and represents a new interpretation of a classical urban house. Inside the house is connected vertically by a three floor high inner courtyard. The courtyard is placed centrally in the building and through its glass roof the light enters to the centre of the building. The form of the house supports the project oriented way of working and the network based culture of the company and reflects simultaneously our values of openness and spaciousness.

ADRESSE | ADDRESS:
Århus, DK

BYGHERRE | CLIENT:
Arkitema

ARKITEKT | ARCHITECT:
Arkitema

INGENIØR | ENGINEER:
COWI A/S

BYGHERRERÅDGIVER | PROJECT MANAGER:
Bascon A/S

ENTREPRENØR | TURNKEY CONTRACTOR:
KPC-Byg A/S

STØRRELSE | SIZE:
2.800 m²

OPFØRELSE | CONSTRUCTION:
2002

Genan er en moderne, innovativ virksomhed, hvilket afspejler sig i bygningens arkitektur og ikke mindst i et spil med forskellige kontrasterende materialesammensætninger. Bygningen består af tre bygningsformer. Den rektangulære del af domicilbygningen, hvis lange linjer og stringente struktur med sprossevinduer tegner billedet af en effektiv og velstruktureret virksomhed og har referencer i modernismens arkitektur. De kreative og bløde værdier kommer til udtryk gennem runde, organiske former, som kendetegner hjørnevinduerne i den anden del af bygningen. Materialet træ er på facaden med til at forstærke det bløde indtryk. Bygningens lange "ryg" er omvendt en rektangulær lang grå betonblok, der er med til at skærpe en klar fornemmelse for spændende materialebrug.

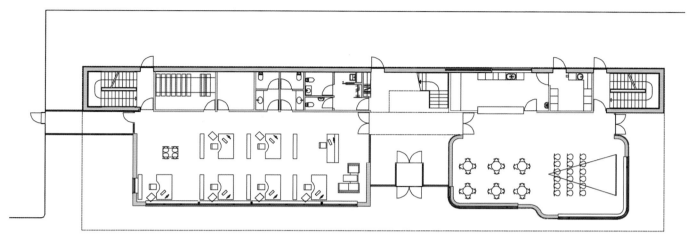

Plan, stueetage | Plan, ground floor

Genan is a modern, innovative company which can be seen from the architecture of the building and not least in the interaction between the different contrasting material compositions. The building consists of three building forms. The rectangular form of the domicile building where the long lines and stringent structure with windows bars are signalling an efficient and well structured company has references to the architecture of modernism. The creative and soft values show through the round, organic forms characterizing the corner windows in the second part of the building. The wood on the façade emphasizes the soft impression. The long "back" of the building is a rectangular long grey concrete block showing an exciting use of materials.

ADRESSE | ADDRESS:

Viborg, DK

BYGHERRE | CLIENT:

Genan A/S

ARKITEKT | ARCHITECT:

KPF Arkitekter AS | KPF Architects AS

INGENIØR | ENGINEER:

Palle Christensen A/S

ENTREPRENØR | TURNKEY CONTRACTOR:

Agerkilde Totalprojekter A/S

STØRRELSE | SIZE:

1.000 m²

OPFØRELSE | CONSTRUCTION:

2005-2006

Hangaren, der opførtes i 1921 af arkitekt Chr. Olrich, er en af de tidligste forspændte betonkonstruktio-
ner af sin størrelse i Danmark. Dorte Mandrup Arkitekter blev i 2001 valgt til at stå for konverteringen
af hangaren til et moderne kontorlandskab, uden at ændre den eksisterende struktur. Resultatet er en
arkitektonisk installation inde i den bemærkelsesværdige bygning, der udtrykker samspillet mellem
det gamle og det nye og samtidig skaber mulighed for åben kommunikation og interaktion. Tre hvide
stålkonstruktioner – tårnet, platformen og fordybningen – former rammerne om kontorlandskabets
arbejdspladser på gulvniveau. Fra de to til fire etagers høje stålkonstruktioner hænger store gardiner
i faldskærmsstof, som der kan projekteres billeder op på, og som samtidig danner mere eller mindre
lukkede rum afskærmet fra det øvrige landskab. På de øverste dæk er der med store sækkestole og
hængekøjer indrettet steder for afslapning til de ansatte.

VANDFLYVERHANGAR – KONVERTERING
SEAPLANE HANGAR – CONVERSION

Plan, stueetage | Plan, ground floor

The hangar, originally designed in 1921 by architect Chr. Olrich, is one of the first pre-stressed concrete structures of its size in Denmark. In 2001, Dorte Mandrup Architects ApS was selected to convert the hangar into a new office space without altering the original structure. The result is an architectural installation within the landmark building that expresses the coexistence between "old" and "new" while creating an office environment promoting free communication and interaction. Three white steel structures – tower, platform, pool – form the framework of the office, with common work areas on the ground floor filling the spaces in-between. Ranging between two and four storeys in height, each structure is dressed with large parachute fabric curtains used as projection screens as well as allowing the inner spaces to open and close from the rest of the office. On the upper decks, common spaces are arranged with large scale-pillows and hammocks for employees to relax.

ADRESSE | ADDRESS:
København | Copenhagen, DK

BYGHERRE | CLIENT:
Thylander & Co. A/S

ARKITEKT | ARCHITECT:
Dorte Mandrup Arkitekter ApS | Dorte Mandrup Architects ApS

INGENIØR | ENGINEER:
Torben Sejersen Rådg. Ingeniører, Dominia A/S,
Kampsax A/S.

ENTREPRENØR | TURNKEY CONTRACTOR:
WR Entreprise A/S

OMFANG | SIZE:
2.550 m²

OPFØRELSE | CONSTRUCTION:
2001

Den en kilometer lange bygning begynder og ender i tårnhøje bølger, der flyver ned fra himlen, blander sig med hinanden i et spiralmønster og derved skaber fritidsrum i byen. Den skiftende morfologi giver forskellige muligheder så som udsigt oppe fra tårnene ud over hav, by og haver samt swimmingpools i den lavere del af bygningen. Vand er et gennemgående tema for hele området; en flod flyder fra den ene ende til den anden ende, og en vandtaxi bringer den besøgende igennem forskellige rum og aktiviteter. De seks 200 meter høje tårne inkluderer to hoteltårne, to kontortårne, servicelejligheder og boliger.

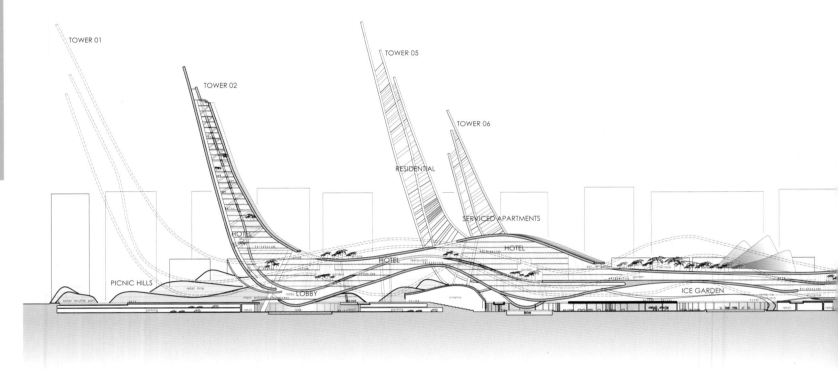

Opstalt | Elevation

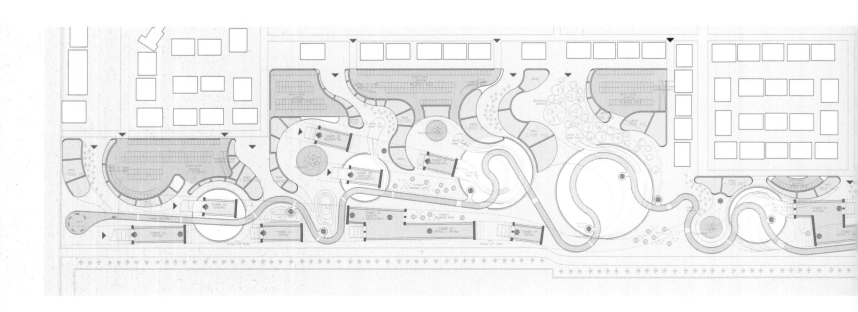

THE WAVES OF ABU DHABI

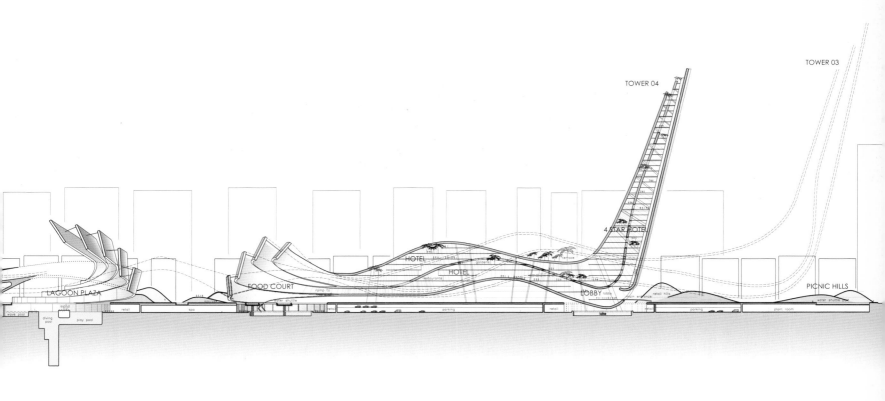

TOWER 03

TOWER 04

4 STAR HOTEL

HOTEL

HOTEL

LOBBY

LAGOON PLAZA

FOOD COURT

PICNIC HILLS

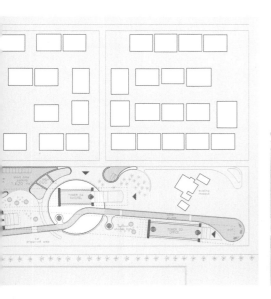

The one kilometre long building starts and ends in towering waves, flowing down from the sky and spiralling into each other, creating leisure spaces for the city. The changing morphology offers different qualities to the user, from views over the sea and the city at the top of the towers, to gardens and pools at the lower parts of the building. Water is the constant theme all throughout the area; a river flows from end to end and a water taxi takes the visitor through the different spaces and activities. The six 200m towers comprise two hotel towers, two office towers, service apartments and residences, all linked to this world of experiences.

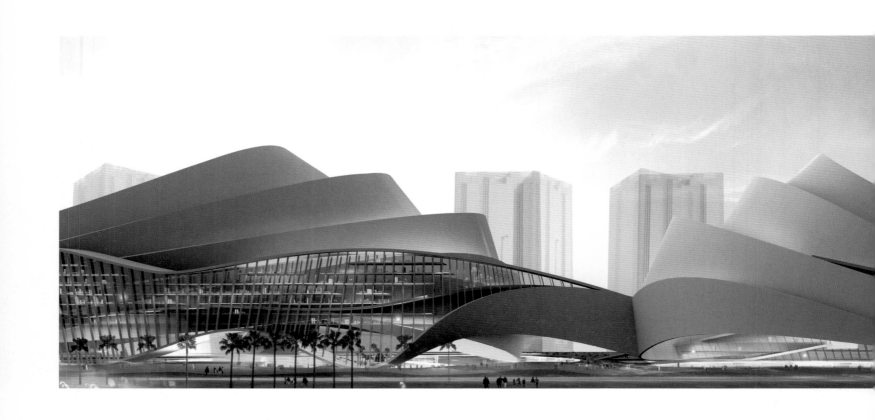

ADRESSE | ADDRESS:

Khaldiya Site, Abu Dhabi, UAE

BYGHERRE | CLIENT:

Capital Investment

ARKITEKT | ARCHITECT:

Henning Larsens Tegnestue A/S | Henning Larsen Architects A/S

RÅDGIVERE | CONSULTANTS:

Roya International

INGENIØR | ENGINEER:

Buro Happold

STØRRELSE | SIZE:

470.000 m²

OPFØRELSE | CONSTRUCTION:

2007-2011

NORD blev af det Grønne Center, Råhavegård, Lolland, bedt om at skabe en udvidelse af den eksisterende bygning. Udvidelsen skulle ikke kun skabe yderlige rum i Råhavegård, men også blive et arkitektonisk vartegn, som kunne tilpasse sig de innovative og kreative firmaer, der hører til i Råhavegård. Udvidelsens konturer er en viderebearbejdning af traditionelle bondegårdsbyggerier i området. Den ny bygning skaber dog et radikalt brud med de eksisterende bygninger. Den åbner op imod det omgivende landskab, der for mange af Råhavegårds firmaer udgør et kerneundersøgelsesområde. Bygningen består af to overlappende volumener, som markerer en tærskel imellem de eksisterende bygninger og det omgivende landskab. Facaderne er intenst perforerede og skaber derved den størst mulige forbindelse imellem bygningens indre og de ydre omgivelser. Om dagen kommer landskabet således ind i bygningen og om natten oplyser bygningens lys omgivelserne.

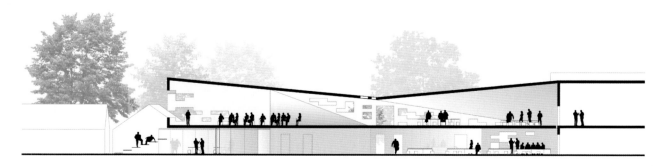

Opstalt | Elevation

Længdesnit | Longitudinal section

NORD was asked by the Green Center at Råhavegård, Lol-land, to create an extension to the existing building. The extension should not only create additional space for the activities at Råhavegård but also produce an architectonic landmark corresponding with the innovative and creative companies residing at Råhavegård. The extensions contour is an elaboration of the existing geometry from the traditional farm buildings on site. However, the new building creates a radical break with the existing buildings. It opens up towards the surrounding landscape which for many of the companies at Råhavegård is the core field of research. The building consists of two overlapping volumes marking a threshold between the existing buildings and the surrounding landscape. The façades are intensely perforated hereby creating the biggest possible connection between the interior of the building and the exterior. At daytime the landscape thus enters the building, at night time the light from the building illuminates its surroundings.

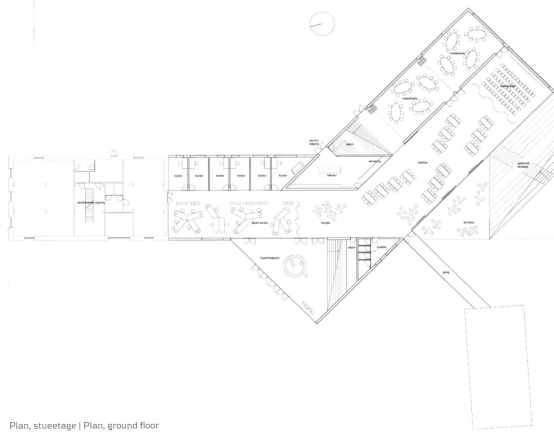

Plan, stueetage | Plan, ground floor

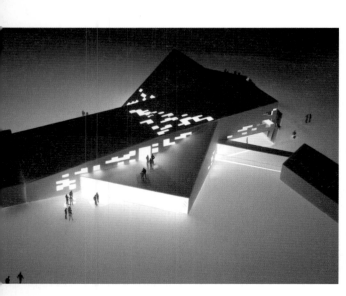

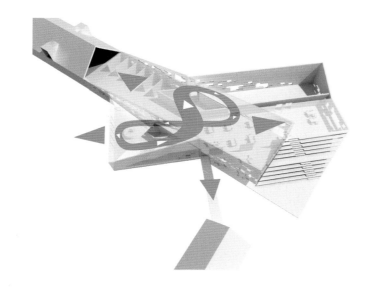

ADRESSE | ADDRESS:
Holeby, Lolland-Falster, DK

BYGHERRE | CLIENT:
Green Center, Lolland, DK

ARKITEKT | ARCHITECT:
NORD

STØRRELSE | SIZE:
1.500 m²

OPFØRELSE | CONSTRUCTION:
2006

Middelfart Sparekasses høje ambitioner for det nye hovedsæde udtrykkes fuldt ud i 3XN's vinderforslag. Huset sikrer medarbejderne optimale rammer, det understreger positivt kravet om høj arkitektonisk kvalitet i byudviklingen langs havnefronten, det indpasser sig harmonisk i den lille købstadsskala – og alligevel peger huset på, at Middelfart Sparekasse går i front både arkitektonisk og teknisk, hvilket naturligvis reflekterer virksomhedens generelle værdier. En stor tagflade dækker et terrasseret indre, som er udformet for at skabe en transparent organisation, og som svar på udfordringen om at genanvende eksisterende bygninger mod nord. Taget er bygget op som en elegant trækonstruktion med talrige åbninger, som sikrer rigeligt dagslys og giver flot udsigt til Lillebælt fra alle steder i huset, oppe som nede. Dette skaber samtidig den lyse, åbne atmosfære, Sparekassen ønsker. Konstruktionen er pilotprojekt for et varme/kølingssystem, som anvender termoaktive betonkonstruktioner, som gemmer nattens kølighed og anvender den til at sænke dagens varme og dermed sparer energi.

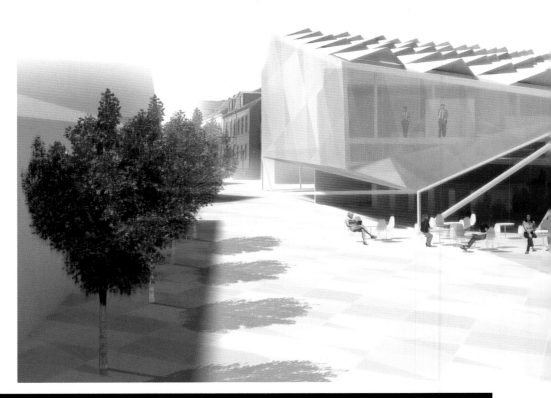

MIDDELFART SPAREKASSE
MIDDELFART SAVINGS BANK

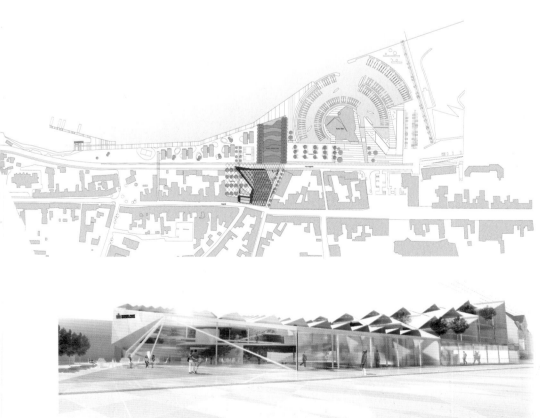

Middelfart Savings Bank's high ambitions for their new head office are fully expressed in 3XN's winning proposal. The building ensures a perfect environment for the employees; it positively stresses demands for high architectural quality in the future development along the harbour front, it installs itself harmoniously into the small scale urban situation; and yet it points out that the Savings Bank is a front runner architecturally and technically, which in turn should reflect the Bank's core values regarding banking business. One large roof covers a terraced interior, designed to respond to the reuse of existing buildings to the north, and to ensure a transparent and open organization. The roof is an elegant structure with numerous openings. The openings bring in abundant amounts of daylight and allow for direct view of the sea from all places in the building, up and down. In this way, the light and friendly atmosphere sought for by the bank is achieved. The structure is a pilot project for a heating/cooling system that stores the night's cooler air in the concrete elements of the roof structure and releases this during the day, and thus saves energy.

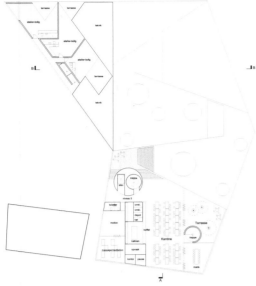

Plan, 3. sal | Plan, third floor

Plan, 1.-2. sal | Plan, first-second floor

ADRESSE | ADDRESS:
Middelfart, DK

BYGHERRE | CLIENT:
Middelfart Sparekasse | Middelfart Savings Bank

ARKITEKT | ARCHITECT:
3XN

RÅDGIVERE | CONSULTANTS:
Indendørs klimakonsulent, konkurrence | Consultant, indoor
climate, competition: WindowMaster

INGENIØR | ENGINEER:
COWI

STØRRELSE | SIZE:
5.000 m²

OPFØRELSE | CONSTRUCTION:
Igangværende | Ongoing

Konkurrence, 1. præmie | Competition, 1st prize

aart a/s

aart a/s er en ung tegnestue i konstant dynamisk udvikling mod nye erfaringer og mål. Vi har eksisteret siden 2000, og tæller idag 29 medarbejdere – og der kommer hele tiden nye til.

Bygningerne og stederne, vi tegner, skabes til vores medmenneske. Derfor skal der med alt, hvad vi gør, være en mening, der bunder i kærligheden til vores næste – en stræben efter det gode liv og ønsket om at gøre verden til et bedre sted at være. Vi finder svaret på den enkelte opgave i dens menneskers, tids og steds ressourcer. Arkitekturen skal skabes af glæden ved at være til og må derfor ikke være begrænsende og sjælløs.

Vi tror på, at tradition og innovation er forenelige størrelser, og vi arbejder målrettet på at udvikle projekter, der forankres i tid og sted, i fortid, nutid og fremtid.

Vi vil udfordre og udvikle den nordiske arkitekturtradition. I arbejdet med værket fokuserer vi på værdier, social ansvarlighed, ressourcer, økonomiske forhold og tid – for at skabe værdi i det, der går forud for os og for det, som kommer.

Vi vil tænke anderledes og fremsynet og sætter os gerne ud over den traditionelle opfattelse af branchen. Det kræver kritisk indsigt. Som arkitekter skal vi udvikle og anvende vores evne for helhedstænkning i mødet med samfundsrelaterede problemstillinger og bringe faget ud over egne grænser.

Arkitektur er brugskunst og skal således opfylde både praktiske og åndelige behov. Arkitekturen udgør fragmenter af vores virkelighed og skal tænkes sammen med biologien, naturen og helheden i det enkelte livs univers.

Pragmatiske forhold er udfordrende muligheder og begrænsninger i opgavens konkrete omstændigheder. Poesien og sanseligheden rummes i mødet mellem det fysiske og det metafysiske. Poesien opstår, når vi vil forføre, tør tvivle, er opmærksomme, afviger og opdager i arbejdet med det konkrete.

Vi søger at lade arkitekturen skabe sig eget sprog i et dynamisk samspil mellem det pragmatiske og det poetiske. Når det lykkes at forene disse forhold, opstår værket, og 1+1 bliver mere end 2. Form, indhold og kontekst transcenderer, og det sublime er en realitet. Denne syntese er lykken, skønheden og essensens i arkitekturen – arkitekturens autonomi indfinder sig.

aarts værdi og eksistensberettigelse er afhængig af de personer, der er tilknyttet firmaet. Vores evne til at omsætte kreativitet, viden og kompetencer til konkrete resultater er derfor af vital betydning.

Vi udvikler konstant vores kreativitet ved at udfordre vores processer gennem nye tilgange, der forholder sig til den enkelte opgaves egenart og potentiale.

I aart er innovation en kontinuerlig proces, der er en naturlig og integreret del af virksomhedens tankegang.

www.aart.dk

PROJEKTER | PROJECTS

aart a/s

aart a/s is a young architects practice in continuous, dynamic development towards new experiences and goals. We have been in business since 2000 and have at the moment a staff of 29 employees – and more are joining us all the time.

The buildings and areas we design are created for our fellow human beings. Therefore, everything we do must have a point rooted in love for our neighbour – a quest for the good life and the desire to make the world a better place. We find the answer to the individual task in the resources of its humans, time and place. Architecture must be based on the joy of being and, therefore, it must not be stifling and soulless.

We believe that tradition and innovation are compatible concepts, and we strive deliberately at developing projects that are embedded in time and place, past, present and future.

We wish to challenge and develop Nordic architectural tradition. As regards our work, we focus on values, social responsibility, resources, financial aspects and time – in order to create value in that which precedes us and that which is to come.

We wish to explore a different and visionary mindset and gladly disregard traditional perceptions of the trade. That requires critical insight. As architects, we must develop and employ our skills for overall thinking in the face of public related problems and take the profession beyond its own boundaries.

Architecture is an applied art and, thus, it must fulfil both practical and spiritual needs. Architecture constitutes fragments of our reality and must be intellectually integrated with the biology, nature and totality of each individual, human universe.

Pragmatic circumstances are challenging opportunities and restrictions in the concrete particulars of the task. Poetry and sensuality are contained in the meeting between the physical and metaphysical. Poetry comes into being, when, working with the concrete, we want to seduce, dare to doubt, are alert, deviate and discover.

We seek to let architecture create its own language in a dynamic interplay of practical and poetical elements. In the successful unity of these elements, the work comes into being, and then one + one equals more than two. Form, contents and context transcend, and the sublime becomes reality. This synthesis is the bliss, beauty and essence of architecture – the autonomy of architecture emerges.

aart's values and raison d'etre depend on the people attached to the firm. Our ability to convert creativity, knowledge and skills into concrete results is, therefore, crucial.

We develop our creativity constantly by challenging our processes through new approaches relating to the potential and particularity of the individual task.

At aart, innovation is an on-going process, a natural and integrated part of the firm's mindset.

www.aart.dk

Arkitema

Arkitekten skal give bygherren det han endnu ikke ved han hellere vil ha'. Poul Henningsen

Arkitemas ambition er at skabe meningsfuld arkitektur. Ikke blot ud fra rene æstetiske værdier, men i samspillet mellem æstetiske, etiske, funktionelle og sociale værdier. Arkitektur skal være identitetsskabende, oplevelsesrig og ikke mindst værdifuld for brugeren – også over tid. Vi taler om Sensemaking i arkitekturen.

ARKITEMA SENSEMAKING er en procesorienteret metode, hvor vi systematisk inddrager brugere og bygherre. Vi afdækker erkendte og uudtalte behov, indhenter relevant viden og aktiverer tværfaglige kompetencer.

Designprocessen bliver herved et åbent og dynamisk forløb, hvor vi sammen med brugerne deltager i formulering af behov, visionsudvikling samt i den formmæssige oversættelse til rum og arkitektur.

Den tilgang påvirker vores selvforståelse som arkitekter, vores arbejdsmetoder og vores æstetikforståelse. Vi er ikke alene med ansvaret for værket, men har til gengæld et stort ansvar for, at vi i og med processen skaber et mulighedsrum, hvor nye erkendelser og ideer kan vokse og udvikle sig.

Vores overbevisning er, at vi med ARKITEMA SENSEMAKING tilføjer nye arkitektoniske dimensioner, når vi på den måde bevæger os fra en statisk anskuelse af det arkitektoniske værk til en mere dynamisk og processuel opfattelse.

Arkitema

Arkitema's ambition is to create meaningful architecture; not merely on the basis of purely aesthetic values, but also in the interplay between aesthetic, ethical, functional, and social values. Architecture must be identity-creating, experientially rich and, in particular, valuable for the user – also over time. We are talking about SenseMaking in architecture.

ARKITEMA SENSEMAKING is a process-oriented method in which we systematically involve the users and the client. We uncover recognised and unexpressed needs, acquire relevant knowledge and activate interdisciplinary skills.

In this way, the design process becomes an open and dynamic relationship in which we and the users collaborate to formulate needs and develop visions, as well as to physically translate these into spaces and architecture. We liberate time for artistic and professional study by systematically recycling knowledge, and we create a realm of possibilities in which new discoveries and ideas can grow and develop.

This approach challenges habitual thinking and traditions, including our self-image as architects, our aesthetic understanding and our working practices. We are not only responsible for the work, but also for the process.

It is our conviction that with ARKITEMA SENSEMAKING, we add new architectural dimensions as we move from a static view of the architectural work to a more dynamic understanding.

Fakta

Arkitema har ca. 300 medarbejdere fordelt på tegnestuerne i Århus, København og Beijing. Faggrupperne tæller blandt andet arkitekter, designere, konstruktører, antropologer, økonomer, grafikere, journalister, tekniske assistenter og administrativt personale.

Udover en række bygningsafdelinger har Arkitema flere specialeafdelinger og spidskompetencer, som arbejder på tværs i firmaet for at skabe helhedsløsninger:

• LANDSKAB arbejder med alle skalaer og ud fra et arkitektonisk helhedssyn.

• FORSKNING & INNOVATION styrker tegnestuens fundament for nytænkning gennem udvikling af nye samarbejdsmetoder og designprocesser.

• DESIGN arbejder med de områder af design, der knytter sig til byggeri og skærper oplevelsen af arkitekturen – dvs. indretning, design af specialinventar, møbler, belysning, skiltning, uderumsinventar, byggekomponenter m.m.

• SUNDHED deltager i bl.a. sygehusprojekter og tilfører specialviden om såvel tekniske løsninger som bløde forhold relateret til brugerne.

www.arkitema.dk

Facts

Arkitema employs approximately 300 people at its design studios in Aarhus, Copenhagen, and Beijing. Our professional groups include architects, designers, constructors, anthropologists, economists, graphic artists, journalists, technical assistants and administrative personnel.

Besides a number of construction-related departments, Arkitema also has departments with core competences in the fields of health, biotechnology, education, housing and restoration/renovation. We also have a landscape department and a large design department concerned with all the areas of design associated with construction and the enhanced experience of the architecture. Finally, we have a research and innovation department which creates new areas of knowledge and develops new working practices. Across the boundaries of these departments, Arkitema possesses a well-developed network ensuring that knowledge and professional development are spread throughout the organisation.

www.arkitema.dk

The architect must give the client what he doesn't yet know he wants. Poul Henningsen

PROJEKTER | PROJECTS

SLUSEHOLMEN | DK | 10

HELLERUP SKOLE | HELLERUP SCHOOL | DK | 50

BELLAHØJBADET | BELLAHØJ POOL | DK | 100

NATURAMA | DK | 170

ARKITEMA-HUSET | THE ARKITEMA BUILDING | DK | 180

CEBRAlogy

CEBRA er en dansk tegnestue med baggrund i det århusianske arkitektmiljø. Konto-
ret blev grundlagt i år 2000 af arkitekterne Mikkel Frost, Carsten Primdahl og Kolja
Nielsen og har i dag over 30 ansatte. CEBRA har kunder i hele Danmark, og der kan
efterhånden også spores en interesse for kontorets arbejder i udlandet.

Vi beskæftiger os med alle arkitekturens skalaer og designer stort set alt med
fokus på meget mere end lige projektets størrelse. Vi har beskæftiget os med mange ty-
per af opgaver – lige fra industrielt design til planlægning. Vi har tegnet boliger, skoler og
bydele. Vi mener, at både en villa og en lufthavn kan revolutionere arkitekturen, ligesom
de begge kan være totalt intetsigende. Det afgørende for os er designkonceptet og de
former, det genererer.

Vores ideologi er projektrelateret. I stedet for at løse alle opgaver med samme
tilgang og holdning udvikler vi unikke ideologier til hvert enkelt projekt. Dette skyldes,
at de forhold og bindinger, som vi arbejder under, ændrer sig konstant – til tider under
selve design- og byggefasen. Vores ideologi er således yderst rummelig – den muterer og
tilpasser sig i forhold til omstændighederne. Den er altid aktuel og altid moderne.

Trods den ideologiske mangfoldighed er der en rød tråd i vores arkitektur – en
måde at gøre tingene på i forhold til design og arkitektoniske rum. Det er muligvis for
overfladisk at kalde det en CEBRA-stil, men på mange måder er det lige præcis, hvad det
er – en æstetisk præference, som binder projekterne sammen.

CEBRAlogy

CEBRA is a Danish architectural firm located in Aarhus. The office was founded in 2000 by the archi-
tects Mikkel Frost, Carsten Primdahl and Kolja Nielsen. Today, the office employs over 30 people.
Our clients come from all over Denmark and a serious interest in CEBRA's work is also beginning to
develop abroad.

We work with all scales of architecture. We design just about everything, paying attention to
much more than just the size of the project. We have been involved in all kinds of projects, from
industrial design to urban planning. We have designed housing, schools and city districts. We con-
sider both a house and an airport to have the capacity to either revolutionize architecture or be
completely insignificant. What really matters to us is the design concept and the forms it generates.

Our ideology is project related. Instead of using the same mind set for all of our projects, we treat
each and every project as unique. This is because the conditions under which we work are constantly
changing – even during the design and building phase. This makes it necessary to retain a highly flexible
ideology that can mutate and adapt according to the circumstances yet still remain relevant and modern.

Despite this ideological diversity, there is a common theme that can be seen in all of our archi-
tecture – a certain way that we like to deal with space and design. Maybe it is too superficial to call it a
CEBRA style, but in many ways that is just what it is – a style of our own that unites our many different
projects.

Arkitektfirmaet C. F. Møller

Arkitektfirmaet C. F. Møller er en af Skandinaviens ældste og største arkitektvirksomheder. Vi arbejder med et meget bredt spekter af opgaver – fra programanalyse, byplanlægning, arkitektur og landskab til udvikling af byggekomponenter og design.

Vi arbejder ud fra idealet om det klare, det enkle og det uprætentiøse. Idealet har fulgt tegnestuen, siden den blev grundlagt, og det nyfortolkes fortsat i de enkelte projekter – med udgangspunkt i stedet og i dialog med internationale strømninger og regionale karakteristika.

Gennem årene har vi vundet en lang række konkurrencer både nationalt og internationalt. Tegnestuens arbejder har været vist på arkitekturudstillinger over hele verden og er publiceret i bøger og førende fagtidskrifter.

Arkitektfirmaet C. F. Møller blev grundlagt af nu afdøde professor C. F. Møller i 1924. I dag er virksomheden et aktieselskab, der ejes af 7 partnere: Tom Danielsen, Klavs Hyttel, Anna Maria Indrio, Lars Kirkegaard, Mads Møller, Klaus Toustrup og Lone Wiggers. Partnergruppen varetager den daglige ledelse og udgør også aktieselskabets bestyrelse.

Arkitektfirmaet C. F. Møller har en lang tradition for, at tegnestuens arbejder skabes gennem et nært samarbejde både udadtil og indadtil, hvor alle arbejder for et fælles arkitektonisk mål. Innovation og kreativitet er nøgleord i det daglige arbejde, og vi lægger vægt på at være en attraktiv arbejdsplads, hvor den enkelte medarbejder kan finde faglige udfordringer i projekter af høj kvalitet.

I dag har tegnestuen 260 medarbejdere fra 16 forskellige lande. Vi har hovedkontor i Århus og afdelinger i København, Vejle, Aalborg, Oslo og London, aktieselskaber i Sverige og Island og arbejder med projekter i mere end 10 forskellige lande.

Læs mere på www.cfmoller.com

C. F. Møller Architects

C. F. Møller Architects is one of Scandinavia's oldest and largest architectural practices. Our work involves a wide range of expertise that covers programme analysis, town planning, master planning, all architectural services including landscape architecture, as well as the development and design of building components.

Simplicity, clarity and un-pretentiousness, the ideals that have guided our work since the practice was established, are continually reinterpreted to suit individual projects, always site-specific and based on international trends and regional characteristics.

Over the years, we have won a large number of national and international competitions. Our work has been on show at architectural exhibitions all over the world as well as published in books and leading professional journals.

C. F. Møller Architects was founded by the late professor C. F. Møller in 1924. Today the practice is a limited partnership owned by 7 partners: Tom Danielsen, Klavs Hyttel, Anna Maria Indrio, Lars Kirkegaard, Mads Møller, Klaus Toustrup and Lone Wiggers. The partnership leads the practice on a daily basis and also forms the executive board of the company.

C. F. Møller Architects has a long tradition for internal and external cooperation where all parties to a project work towards a common architectural goal. Innovation and creativity are key concepts in the daily work, and it is a key priority for the office to be able to attract and maintain a staff of the most talented architects – by working with challenging projects of high quality.

At present the practice employs 260 persons of 16 different nationalities. Our head office is in Århus and we have branches in Copenhagen, Aalborg, Vejle, Oslo and London, limited companies in Sweden and Iceland and are working with projects in over 10 different countries.

Read more at www.cfmoller.com

Dorte Mandrup Arkitekter ApS

Dorte Mandrup Arkitekter ApS er ejet og ledet af Arkitekt MAA Dorte Mandrup-Poulsen. Tegnestuen startede i juni 1999 i København og beskæftiger 40 medarbejdere. Tegnestuens referenceprojekter spænder bredt fra masterplaner, kulturinstitutioner, institutions- og skolebyggeri, boliger og domicilbyggeri til konvertering af fredede og bevaringsværdige bygninger. Tegnestuens profil er baseret på innovation gennem fortløbende undersøgelser af nye programmer, rumforløb og byggematerialer. Vi insisterer på at enhver opgave er unik og fortjener et originalt og personligt resultat. Tegnestuen er udbredt publiceret internationalt og har modtaget en lang række internationale og nationale priser.

Dorte Mandrup Architects ApS

Dorte Mandrup Architects ApS was founded in June 1999 and is based in central Copenhagen, Denmark. Directed under Dorte Mandrup-Poulsen MAA, the office's work includes a wide variety of projects varying in scale and building type. Projects include gallery installations, day-care centres, cultural and residential buildings, conversion of historical federal buildings, and urban planning. Working in multiple mediums and processes, the office is a multidisciplinary environment with a desire to continually investigate programme types, spatial relations and building materials. We insist on creating a rich and personal construct for every project. The office has received both national and international prizes and is widely published internationally.

Friis & Moltke A/S

Tradition og fornyelse

Høj arkitektonisk kvalitet og adskillige bygge- og designopgaver i både ind- og udland har placeret Friis & Moltke A/S blandt de førende arkitekter siden 1954, hvor firmaet blev grundlagt. En fornuftig vægtning mellem funktion, æstetik og økonomi – tilsat en god portion originalitet – har præget tegnestuens arbejder, der er blevet hædret med mange præmieringer i årenes løb.

Knud Friis og Elmar Moltke Nielsen har blandt andet modtaget Eckersberg-medaljen og modtog i 1987 C. F. Hansen medaljen – den højeste udmærkelse, der gives til danske arkitekter. Med Elmar Moltke Nielsens bortgang i 1997 er Knud Friis idag den eneste af firmaets grundlæggere, der har sit daglige virke på tegnestuen.

Arkitektfirmaet optog nye partnere og udvidede ledelsen i henholdsvis 1994 og 2001 – en ledelse som lægger stor vægt på at videreføre den høje standard, der er kendetegnende for firmaets grundlæggere.

Idag er Friis & Moltke A/S og Friis & Moltke Design A/S to selvstændige firmaer, som samarbejder tæt i løsningen af opgaverne, der spænder fra produktudvikling, design, byggeri til bygherrerådgivning og planlægning.

I et professionelt, men uhøjtideligt arbejdsmiljø med en stor grad af frihed for medarbejderne er målet at skabe:

• Oplevelsesrig arkitektur med vægt på kvalitet, funktionelt, æstetisk og økonomisk
• Sammenhæng mellem bygning, inventar og udsmykning tilpasset omgivelserne
• Enkelhed i form og materialer

For mere information om Friis & Moltke A/S: www.friis-moltke.dk

Friis & Moltke A/S

Architectural qualities, awards, thousands of buildings and design assignments national as well as international has made Friis & Moltke known among the leading Danish architects.

Since Knud Friis and Elmar Moltke Nielsen formed the first study in 1955, Friis & Moltke has developed into a company that has gained several of the awards available of modern architecture and design – among them the Eckersberg and the C. F. Hansen-medal granted to the founders – the highest honour given to Danish architects.

As the building technique and architecture has developed over the years to meet the challenges of a world in change, Friis & Moltke has changed, and the younger architects who took over forming Friis & Moltke A/S in 1994 and 2005, have through the number of new projects being a result of competitions, continued and increased the standards that made the founders famous.

Through this development Friis & Moltke has been known not only by the architecture of its buildings, but also for the industrial design of products developed by the company to complete the design of the buildings with e.g. decoration, lighting and furniture, set in a seperate department, Friis & Moltke Design A/S

Although independent, Friis & Moltke A/S and Friis & Moltke Design A/S, work closely together when possible in solving all types of tasks within the professions of consultancy and planning to a united design of buildings and complementary equipment.

The spectrum is wide concerning both personal and technical resources. In a professional, yet unpretentious work environment the aim of Friis & Moltke is to create:

• Architecture based upon experience and functional, aesthetic and economic qualities.
• Buildings, furniture and decoration in harmony with the surroundings.
• Simplicity and elegance in shape and materials.

The total of employees is 54 architects, quantity and quality surveyors, constructing architects and building engineers.

More information at: wwwfriis-moltke.dk

Henning Larsens Tegnestue A/S

Henning Larsens Tegnestue blev grundlagt i 1959 af arkitekt Henning Larsen. I dag ejes og ledes firmaet af en partnergruppe bestående af Henning Larsen, Mette Kynne Frandsen (administrerende direktør), Louis Becker (direktør), Peer Teglgaard Jeppesen (direktør), Lars Steffensen og Troels Troelsen. Alle partnere er arkitekter.

Henning Larsens Tegnestue har rødder i en arkitektonisk tradition med funktion og sted som generatorer for design. Vores firma dækker hele det professionelle spektrum fra ide til konceptudvikling og fra projektstyring til opførelse. Rumlig perception og dagslys er to nøgleelementer, der altid går igen i vore projekter. Vi arbejder med rumlige kvaliteter og forløb, sammenhænge imellem indre og ydre rum og med dagslysets forskellige virkninger. Vi udvikler de arkitektoniske løsninger i en dynamisk dialog med ingeniører, entreprenører og leverandører.

Omkring 60% af Henning Larsens Tegnestues projekter er bygget i Danmark. Internationale projekter inkluderer bygninger i Norge, Tyskland, Sverige, Island, Holland, England, Mellemøsten, Afrika, Spanien og Kina.

Vore referencer dækker et antal projekter i hele verden, blandt dem det berømte Udenrigsministerium i Riyadh, Saudi Arabien, Den kongelige Danske Ambassade i Riyadh, Saudi Arabien, Museum Würth, Tyskland, udvidelsen af Ny Carlsberg Glyptotek, Danmark, København Business School, Danmark, Københavns Opera, Danmark, Kunstfakultet og masterplan på Universitetet i Plymouth, England, Rostock Universitetsbibliotek, Tyskland, Uppsala Koncert og Kongres Center, Sverige, IT Universitetet, Danmark, udvidelsen af Roskilde Universitet og Nordea Banks hovedsæde, Denmark.

Henning Larsens Tegnestue har i dag ca. 135 ansatte fra 12 forskellige nationer og er p.t. involveret i projekter i ca. 17 lande.

Henning Larsen Architects A/S

Henning Larsen Architects was founded in 1959 by architect Henning Larsen. Today, the company is owned and managed by a partner group consisting of Henning Larsen, Mette Kynne Frandsen (Managing Director), Louis Becker (Design Director), Peer Teglgaard Jeppesen (Design Director), Lars Steffensen and Troels Troelsen. All partners are Masters of Architecture.

Henning Larsen Architects originates in an architectural tradition with function and location working as generators of constant development of design. Our company covers the entire professional spectrum and renders services ranging from idea and concept development over project management to expert supervision and construction management. Spatial perception and daylight are two of the key elements in our projects. We work with spatial qualities and sequences, the correlation between indoors and outdoors and with the change of light throughout the day and the year. Henning Larsen Architects develops the architectural solutions in a dynamic dialogue with engineers, contractors and suppliers.

Approximately 60 per cent of Henning Larsen Architects' projects have been built in Denmark. International projects comprise buildings in Norway, Germany, Sweden, Iceland, Holland, United Kingdom, the Middle East, Africa, Spain and China.

Our references cover a number of projects worldwide, among these the famous Ministry of Foreign Affairs in Riyadh, Saudi Arabia, The Royal Danish Embassy in Riyadh, Saudi Arabia, Museum Würth, Germany, the extension of Ny Carlsberg Glyptotek, Denmark, Copenhagen Business School, Denmark, the Opera in Copenhagen, Denmark, the Arts Faculty and masterplan at the University of Plymouth, UK, Rostock University Library, Germany, Uppsala Concert and Congress Hall, Sweden, the IT University, Denmark, the Roskilde University extension and the Nordea Bank Headquarters, Denmark.

Henning Larsen Architects employs approx. 135 people of 12 different nationalities and is currently involved in projects in 17 countries.

KPF Arkitekter AS

KPF Arkitekter AS er en af Danmarks ældste arkitektvirksomheder med mere end 75 års erfaring indenfor arkitektur, landskabsrådgivning, bygherrerådgivning, totalrådgivning og byplanlægning. KPF Arkitekter AS består af 6 partnere og har pt. 42 medarbejdere.

KPF Arkitekter har byggeopgaver i hele Danmark, men har bibeholdt det oprindelige udgangspunkt i den gamle Kongeby – Viborg. KPF Arkitekter er dels godt forankret i branchen i et bredt netværk af relationer og dels vinder KPF Arkitekter en lang række arkitektkonkurrencer på nationalt plan.

Udgangspunktet i det fundamentale og oprindelige er gennemgående i vores rådgivning og gennem medarbejdere med international uddannelse og erfaring kobler KPF Arkitekter den danske tradition med en modernistisk og global vinkel tilpasset den enkelte opgave.

KPF Arkitekter prioriterer processen i frembringelsen af det unikke projekt, gennem en ofte utraditionel involvering af interessenter og værktøjer og skaber herved kvalitative projekter, der relaterer sig til mennesket, omverdenen og fagets bæredygtighed. Det er denne helhedstanke, der gennem 3 generationer har tilfredsstillet klienter, medarbejdere og Danmark.

www.kpf.as

KPF Architects AS

KPF Architects AS is one of Denmark's oldest architect companies with more than 75 years of experience of constructing, designing, landscape consulting, client consulting, turnkey contracting and urban planning. Currently, KPF Architects AS has 6 partners and 42 employees.

KPF Architects carries through construction projects all over Denmark, but has maintained its original base in the old city of royal residence – Viborg. The company is broadly based in the industry with a wide network of relations and has also won many architectural competitions in Denmark.

The consultancy services are based on fundamental and original concepts, but with employees having an international background and experience KPF Architects has the possibility of combining the Danish tradition with a modernistic and global angle adapted to the individual project.

KPF Architects prioritizes the process of the unique project through an often untraditional involvement of parties as well as tools hereby creating qualitative projects relating to people, the surrounding world, and the sustainability of the profession. Through 3 generations, this holistic approach has satisfied clients, employees and Denmark.

www.kpf.as

3XN

3XN sætter nysgerrighed, originalitet og poesi i højsædet og har en multifacetteret tilgang til sine opgaver. Tegnestuen arbejder med bruger-centrerede metoder og skræddersyr hvert enkelt projekt præcist til brugere og bygherre – der bygges for mennesker. 3XN er funderet på den skandinaviske tradition for funktionalitet, klarhed og skønhed. Hvert nyt projekt betragtes som et stykke forskning, som øger erfaringen og udvider tilgangene. Og selv om hvert projekt hviler på skuldrene af de forrige, udfordrer det samtidig alt forudgående.

3XN's store viden om materialer, ingeniørkunst og brugerbehov kombineret med deres organisatoriske styrke indenfor økonomi, projektledelse og udførelse sætter dem fri til at udforske nye grænser og til at udfordre eksisterende rammer. De arbejder ud fra en sikker bevidsthed om, at de kan bringe tegnebordenes legende og poetiske arkitektur til virkelighed.

3XN blev oprettet i 1986 og har siden gennemgået en hastig udvikling frem mod et markant ståsted på dagens arkitekturscene, primært ved at insistere på arkitektkonkurrencen som den vigtigste drivkraft bag den kreative udvikling. Siden 1999 har engagementet rakt udenfor Danmarks grænser, og 3XN har vundet en lang række konkurrencer, bla. Museum of Liverpool og Fakultetet for Kunst, Medier og Socialvidenskab ved Salford Universitet, begge i England, Musikhuset i Amsterdam og Rådhus/Kulturcenter i Nieuwegein, begge i Holland, Tangen Videregående Skole i Kristiansand, Norge, Danmarks ambassade i Berlin, Tyskland, Yangpu University District Gateway Bygninger i Shanghai, Kina, samt vigtige danske bygninger som FIH på Langelinie, Syddansk Universitet, Ørestad Gymnasium, Sampension, Deloitte m. fl. Igangværende aktiviteter i andre lande antyder en yderligere vækst på de udenlandske markeder.

3XN har modtaget en række anerkendelser fra ind- og udland i form af priser, invitationer til udstillinger og publikationer af tegnestuens arbejder.

I 2006 modtog 3XN en Sølvmedalje for Museum of Liverpol på Miami Bienal I USA. Musikhuset i Amsterdam fik ULI Award Europe samt Dedalo-Minosse Special Price 2006. I februar 2006 modtog 3XN MIPIM/Architectural Review Future Projects Award for to projekter; Nordhavnen Boliger og Middelfart Sparekasse. Sidste år blev 3XN præmieret med samme pris for 'Byen til alle aldre' i Valby, også i 'Boliger'.

DGI Huset i Århus har modtaget den Internationale Olympiske Komité's IOC/IAKS Award – en sølvmedalje for fremragende idrætsfaciliteter. Prisuddelingen er international, og medaljen er for første gang tildelt et dansk projekt. Sampensions hovedsæde modtog den engelske udmærkelse i form af en RIBA Award – ligeledes første gang dette sker for et dansk projekt.

På Biennalen i Venedig 2004 var 3XN indbudt til at præsentere tre projekter – Slussen i Stockholm, DR's nye koncertsal samt Sparekassen Kronjyllands nye hovedsæde i Randers.

På det personlige plan udmærkedes indehaver, arkitektonisk leder Kim Herforth Nielsen i 1999 med Eckersberg Medaljen, og han blev i april 2000 hædret med Dannebrogsordenen med ret til at bære Ridderkorset.

3XN's projekter og anden information opdateres konstant på hjemmesiden www.3xn.com.

PROJEKTER | PROJECTS

3XN

3XN values curiosity, originality and poetry and has a multi-layered approach. The office work with user-centered methods, fitting each project uniquely to the users and our client – with a strong emphasis on designing for human beings. They build on a Scandinavian tradition of functionality, clarity and beauty. Each project is a research endeavor that adds to their experience and approach. Each new project rests on the shoulders of many others, yet challenges everything done before.

3XN's thorough knowledge of materials, engineering and user needs combined with their organizational strengths in economy, project management and implementation set them free to explore new frontiers and to challenge existing frameworks. They work in the confident knowledge that they can make playful and poetic architecture jump from the drawing board and come alive.

Since the establishment in 1986, 3XN has reached the present status in the contemporary world of architecture especially by insisting on architectural competitions as the main generator for creative development. Since 1999, the engagement has reached outside of Denmark to the Nordic countries, The Netherlands, Germany, UK and China. 3XN has won a wide range of important architectural competitions, such as the Museum of Liverpool and the University of Salford Faculty of AMSS in the UK; the Music Building in Amsterdam and the City Hall of Niuewegein, The Netherlands; the Royal Danish Embassy in Berlin, Germany; the Yangpu University District Gateway Buildings in Shanghai, China; as well as the Sampension, FIH and Architects' Buildings, all of those in Copenhagen, Denmark. Activities in other countries suggest a further future growth.

Nationally as well as internationally 3XN have been acknowledged by receiving awards and invitations to exhibitions and publications of their projects.

2006, 3XN was awarded a Silver Medal at the Miami Bienal, USA, for the Museum of Liverpool. The Music Building in Amsterdam was awarded both the ULI Award Europe and the Dedalo-Minosse Special Prize. At MIPIM in Cannes, 3XN got the MIPIM/Architectural Review Future Projects Award for two projects; Residences in Nordhavnen, Copenhagen, and Middelfart Savings Bank – in the categories Residential and Offices, respectively.

2005, the same award was granted 3XN for the Copenhagen 'City for all ages' project, and the DGI Centre for Urban Sports received the IOC/IAKS Award for outstanding sport- and leisure facilities, awarded by the International Olympic Committee; it was first time ever to a Danish project. June 2005, 3XN received an RIBA Award for the Sampension Headquarters in Copenhagen, built 2003. This was also the first Danish project to be awarded by RIBA.

2004, 3XN was represented at the Biennale in Venice with no less than 3 projects – Slussen in Stockholm; The Danish Radio Concert Hall and The Savings Bank 'Kronjylland'.

On a personal level, Principal Architect Kim Herforth Nielsen received the Eckersberg Medaille from the Danish Academy of Architects in 1999, and in April 2000 he was awarded the Danish order "Knight of Dannebrog" with the right to carry Ridderkorset (Knight's Cross).

3XN's projects and other information are continuously updated at www.3xn.com.

NORD

It is not about what we do, but about how we do it. NORD is a young design office that specializes in a range of different projects in the field of architecture and design.

NORD works with projects from idea to realization: NORD is involved when the client does not yet know what kind of product is wanted, under the development of the project, and during its design and realization. Design is for NORD a generative way of thinking – both in terms of project and of knowledge production. Today, NORD works with process management, vision design, participatory design, and the design of buildings and urban spaces.

NORD believes every project should be solved on its own premise, as every project composes of a unique constellation of the involved people, the project context, politics, level and character of knowledge, and intentions. Therefore, NORD designs specific process tools for every project which are used to facilitate and optimize its end result. NORD never solemnly focuses on the traditional design disciplines but uses the progress of the project as a powerful generator. During the evolution of a project, important knowledge, surplus value and possibilities are added which NORD incorporates in the final product.

A design product is the result of an elaborated process. NORD navigates from the planned, ideal work process towards the real actual dynamic and unpredictable progress of a project. It is in the negotiation between ideal and real situations that the best and most qualified design solution is to be found. During its development a project reaches its grounding, viability, and gains in knowledge and creative input. Therefore, the final project must reflect the process of which it is produced.

When NORD designs a new vision for Statens Naturhistoriske Museum (Natural history Museum of Denmark) the collaboration with the management of the museum is of essential importance to the final vision. Hereby, NORD challenges the role of the architect as merely designer of form and points towards new fields of work. This is also the case with NORD's school regeneration projects, where the design of a school building also becomes the design of pedagogical premises for teaching situations which are informed by both teachers and pupils, and reflects the newest developments in institutions.

NORD also works with the design of visions for cities, regions, and nations. NORD understands visions as designing chains of value where the individual elements are combined in new ways thereby creating unexpected constellations and new potentials.

In the project Pharmland NORD focused on how the Danish farming industry can be rethought through biotechnology and landscape design. Thereby, agriculture can once again become a sustainable, profitable industry and a central agent in the Danish welfare society.

NORD thinks it is important to continue investigations of how architects can act in and contribute to the world in new and sustainable ways. NORD – Northern Office for Research and Design.

www.nord-web.dk

NORD

Det handler ikke om, hvad vi laver, men om hvordan vi gør det. NORD er en ung designpraksis, der arbejder med en række forskellige opgaver indenfor arkitektur og design.

NORD arbejder med projekter fra ide til realisering: NORD er involveret, når klienten endnu ikke ved, hvilket produkt der ønskes i udviklingen af opgaver og under selve formgivningen og realiseringen af et projekt. Design er for NORD en generativ måde at tænke på – en tilgang til projekter, til tænkning og til verden. NORD arbejder i dag med proceshåndtering, visionsdesign, brugerinddragelse og bygnings- og byrumsdesign.

NORD mener, at en opgave skal løses på egne præmisser, da hvert projekt er unikt og afhængigt af de involverede aktører, vidensniveauet og ønsker for projektet. Derfor udvikler NORD til hver opgave specifikke procesværktøjer, som bruges til at facilitere og optimere et projektforløb. For NORD er fokus aldrig udelukkende på det endelige produkt men også på, hvordan man kommer frem til det. På vejen mod et projekt tilføres nemlig vigtig viden, ekstra værdi og muligheder til det endelige produkt.

Et designprodukt er et resultat af en langvarig proces. En af NORDs styrker er, at forstå at navigere fra den planlagte, ideale arbejdsproces til den reale udvikling og påvirkning. Det er i samspillet mellem de to, at den bedste og mest kvalificerede designløsning skal findes. I udviklingsarbejdet opnår et projekt dets forankring og levedygtighed og tilføres viden og kreative input. Det endelige projekt skal derfor afspejle den proces, det er et produkt af. Når NORD eksempelvis udvikler en vision for Statens Naturhistoriske Museum, er samarbejdet med ledelsen af museet et essentielt input til den færdige vision. Det samme gælder NORDs arbejde med ombygninger af skoler, hvor designet af skolen også bliver design af pædagogiske rammer og undervisningsmuligheder, der både afspejler læreres og elevers ønsker samt de nyeste tendenser indenfor pædagogikken.

NORD arbejder også med design af visioner for byer, regioner og nationer. NORD betragter visioner som design af værdikæder, hvor enkelte elementer kombineres på nye måder og skaber uventede sammenhænge og nye muligheder.

I projektet Pharmland sætter NORD fokus på, hvordan Danmarks landbrug kan gentænkes ved hjælp af bioteknologi og landskabsdesign til igen at blive en bæredygtig og profitabel industri og en central aktør i det danske velfærdssamfund.

NORD mener, det er vigtigt at blive ved med at undersøge, hvordan man som arkitekter og designere kan agere i og bidrage til verden på nye og bæredygtige måder.

www.nord-web.dk

schmidt hammer
lassen

schmidt hammer lassen

Arkitektur skal i sin enkelhed være oplevelsesrig og udtrykke det visionære. Det er visionerne, der tegner fremtiden. Forankret i en nordisk tradition og inspireret af, hvad der sker på den internationale arkitekturscene, ønsker vi at skabe udfordrende og moderne arkitektur og design. Alle opgaver løses ud fra opgavens egne præmisser og med det givne steds særlige kvaliteter som afgørende faktor. Derfor er vores arkitektur mangfoldig og under konstant udvikling. Derfor søger vi nye udtryk og nye svar.

Vi tror på, at god arkitektur sætter mennesket i centrum. En ny bygning er ikke kun en ny arkitektonisk form, men også en bygning i tæt forbindelse med det sted, hvor den står, de funktioner den rummer, og det sociale liv der leves. En opgave er løst, når alle hensyn er taget og samlet til en harmonisk helhed. Vi arbejder konstant med at skabe en menneskelig og sanselig arkitektur behersket af enkelhed, præcision og et logisk, afklaret forhold mellem form, konstruktion og materiale. Altid med de højeste standarder for kvalitet og finish.

Enhver opgave har sin egen unikke karakter. Derfor har den arkitektoniske indsats altid et og samme udgangspunkt: at møde opgaven med indlevelse og lydhørhed. Respekt, indlevelse og forståelse mellem bygherrer, brugere, arkitekt, ingeniører, rådgivere og entreprenører er kendetegnende for tegnestuens arbejdsmetodik. Som både specialister med faglig kompetence og generalister med evnen til at tænke i helheder, ønsker vi at fungere som inspirator og koordinator i forløbet frem til et optimalt produkt.

Vi arbejder i spændingsfeltet mellem Norden og Verden. Vi ønsker at øve indflydelse på den internationale arkitektur. En omfattende viden om udviklingen indenfor alle arkitektfaglige discipliner har været et nøgleord for schmidt hammer lassen siden firmaets start i 1986. Og med præmieringer i nationale og internationale konkurrencer og et vidtfavnende arbejdsområde har tegnestuen udviklet sig til en af Danmarks største arkitektvirksomheder med stor international berøring. Samtidig har vi fastholdt en omsorg for, at alle opgaver løses med personlighed og kunstnerisk vitalitet.

Tegnestuen er placeret med hovedkontor i Århus og afdelingskontor i København. Vores faste medarbejderstab er et højt engageret og veluddannet team, der består af arkitekter, landskabsarkitekter, konstruktører, tekniske tegnere, grafikere, indretningsarkitekter, modelbyggere og administrativt personale. Højt kvalifikationsniveau, kreativitet og udvikling gennem spændende udfordringer er nøglebegreber for tegnestuens over 150 medarbejdere. Tegnestuen ejes og ledes af arkitekterne Morten Schmidt, Bjarne Hammer, John F. Lassen, Kim Holst Jensen, Morten Holm og Stephen David Willacy. Den daglige drift varetages af administrerende direktør Bente Damgaard.

www.shl.dk

In all its intrinsic simplicity, architecture should be aesthetically stimulating and visionary. For visions define the future. Anchored in Nordic traditions and inspired by developments in the international architecture scene, our foremost aim is to create challenging and contemporary architecture and design. Each project is addressed individually, on its own premises, and with the specific qualities of the location playing a crucial role. This ensures that our architecture is varied and constantly evolving as we strive constantly to develop new solutions in terms of architectural expression and form.

We believe that good architecture puts people first. A new building is not merely a new built form but also a piece of architecture closely interwoven with the location in which it is set, the functions it houses and the life lived there, of whose environment it forms a part. The desired solution has been reached when all relevant considerations are met in a unified, harmonious whole. We strive constantly to create architecture with a human focus that stimulates and delights – hallmarked by simplicity, precision and logical, resolved interrelationships between form, structure and materials. And always to the highest standards of quality and finish.

Each project has its own unique character. And so the architectural enterprise has always but one and the same starting point: a commitment to the project with sensitivity and responsiveness. Respect, a "tuned-in" attitude and priority given to ensuring mutual understanding between clients, engineers, advisors and developers hallmark the practice's working methodology. Both in our role as specialists with particular areas of competence and as generalists with the capacity to think in terms of wholes, we seek to act as inspirational players and coordinators through all the phases that lead to an optimal product.

We work at the dynamic intersection of the Nordic traditions and the international scene. We seek to exercise an impact on international architecture. In-depth, extensive knowledge of developments across the spectrum of architectural disciplines has been a key priority for schmidt hammer lassen since the company's founding in 1986. With its projects scooping prizes in national and international competitions coupled with the breadth of its sphere of activity, the practice has evolved to become one of Denmark's largest architectural firms, engaging widely in the international scene. Complementary to this, we consistently see to it that all projects are completed with individual commitment and artistic vigour.

The practice's head office is located in Aarhus, and its branch office in Copenhagen. Our complement of permanent staff is a deeply committed and highly trained team consisting of architects, landscape architects, designers, draughtsmen, graphic artists, interior designers, model makers, and administrative staff. High levels of qualifications, creativity and ongoing development through addressing demanding challenges are common denominators of the practice's more than 150 strong staff. The practice is owned and led by Morten Schmidt, Bjarne Hammer, John F. Lassen, Kim Holst Jensen, Morten Holm and Stephen David Willacy. Day-to-day operations are the responsibility of Chief Executive Officer Bente Damgaard. www.shl.dk

PROJEKTER | PROJECTS

FOTOGRAFER | PHOTO CREDITS

10-13: Eyecadcher (renderinger)

28-31: Torben Eskerod

34-35: Jens Markus Lindhe

36-37: Helen Højer Mikkelsen

38-39: Jens Markus Lindhe & Nathalie Kragh

44-47: Clay Gonding & KPF Arkitekter

48-49: 3XN

50-53: David Trood & Torben Eskerod

54-57: Torben Eskerod

58-61: NORD

62-63: Adam Mørk

64-65: Adam Mørk

68-69: Adam Mørk

70-73: Jan Kofod Winther, Julian Weyer, Arkitektfirmaet C. F. Møller, Torben Eskerod

74-77: 3XN

80-83: Torben Eskerod

84-87: Jens Markus Lindhe & Torben Eskerod

94-97: Torben Eskerod, Scanpix & Arkitektfirmaet C. F. Møller

100-101: Axel Hauschild & Arkitema (renderinger)

108-109: Adam Mørk

110-113: Adam Mørk, Erik Zappon & Thomas Mølvig

132-135: Torben Eskerod

138-139: Thomas Ushus

146-147: Adam Mørk

148-151: Adam Mørk

158-161: Adam Mørk

166-167: Guy Woodland & 3XN

170-171: David Trood

180-183: Klaus Bang

184-187: KPF Arkitekter

188-191: Jens Markus Lindhe

GLOBAL DANISH ARCHITECTURE

Redigeret af Marianne Ibler, arkitekt maa, Ph.D. |
Edited by Marianne Ibler, Architect MA Ph.D

Grafisk design af Helle Marietta Pedersen, grafisk designer |
Graphic design by Helle Marietta Pedersen, Graphic Designer

Korrektur, konsulent Kirsten Grønborg, Cand.Jur. og Dorrit Jensen, Statsaut. Translatør |
Proofreading by counsellor Kirsten Grønborg, Master of Laws and Dorrit Jensen, Certified Translator

Udgivet af | Published by
Archipress M
Strandparken 3 kl.
DK - 8000 Aarhus
www.archipress.dk
ibler@archipress.dk

Trykt i Danmark af | Printed in Denmark by Defacto
ISBN 8791872-01-4

TAK TIL | ACKNOWLEDGEMENTS

Forlaget retter en tak til de involverede tegnestuer og arkitekter for at have bidraget med deres tid, ressourcer, entusiasme. Desuden tak til ARoS Aarhus Kunstmuseum, der har stillet lokaler og anden hjælp til rådighed i forbindelse med udgivelsen og som udstiller den digitale Global Danish præsentation, der er fulgt i kølvandet af bogen. Det Danske Kultur Institut skal takkes for at have stillet sig til rådighed for at fremvise Global Danish Architecture for et internationalt publikum i alle sine kulturinstitutter i udlandet og dermed bakke op om projektet. |

The publisher would like to thank the architects who appear in this volume for their time, resources and enthusiasm. Thank you also to ARoS Aarhus Kunstmuseum for having provided premises and other assistance in connection with the release of the book and for exhibiting the digital Danish presentation following the book. Thanks to The Danish Cultural Institute for presenting Global Danish Architecture for an international audience in all its culture institutes abroad and thereby supporting the project.

Bogen er blevet til med støtte fra Nykredits Fond |
The book has been sponsored by Nykredits Fond